SQ選書
04

障害者が労働力商品を止揚したいわけ

きらない　わけない　ともにはたらく

堀　利和 編著
HORI Toshikazu

社会評論社

はじめに

本書は福祉の書ではない。社会科学の書である。だから、本書は障害者を対象にした社会政策の書でもない。

ではどんな内容の書物かというと、一言でいって、障害者の働き方、生き方、そして同時に障害のない人の働き方、生き方を通して、その個別主義的な課題を通して、現代資本主義経済社会そのものを問い、それを人間主義的にかつ普遍主義的な立場に即して理論的に分析し、資本主義を超えようとするものである。障害者の労働問題を通して現代社会、資本主義社会はもとよりソ連型の中央集権的国家社会主義社会を止揚（アウフヘーベン）して、したがってそれは公式的正統派マルクス主義に依拠するものでもない。

その立場は原理主義でもない、教条主義でもない、ましてや現状主義でもない、いわば原理を踏まえた現実的な政策にも関与し、実践するものであり、原理応用主義といってもさしつかえないであろう。こうした問題に関連しては、原理主義か改良主義かの論争というものがあって、常に歴史を通じて対立してきた経緯がある。原理主義か世俗主義か、革命か改良か、正統派か修正派かといったものであり、いずれにしてもこれらは二項対立に陥った理論闘争の域をでていない。このことに関して、私は次のように説明を試みる。

たとえば、ドストエフスキーが『地下生活者の手記』のなかで、直情径行型の人間は壁にぶつかるとその場に座り込んでしまうと書いている。たしかに原理主義者や直情径行型の人間は、壁を破壊するかそこに座り込んでしまうということになろう。ドストエフスキーは「壁は動くものである」とも書いている。そのように壁は動くものであり、動かしながら、いずれ古い壁は壊さなければならない、超えなければならないのである。それが意味するところは、資本主義は前提にはするが肯定はしない、ということである。

本書は二部構成で、第一部は「共生・共働の世界観」、第一章「資本主義を超える」、第二章は「共生・共働への道」である。労働力商品の止揚と「健常者の平均的労働能力（マルクスはこれを、社会的平均労働量という）」の止揚を同時に実現して、ポスト資本主義のユートピアの可能性を模索したものである。

第二部は「共生・共働の理念と運動」として、NPO法人共同連の理念と運動をまとめたものである。これは一橋大学社会学部吉田梓の卒業論文『日本における社会的排除への就労的観点からの取組みの現状～NPO法人「共同連」の社会的事業所運動とその実践～』を、紙幅の関係から一部割愛して掲載した。第三者の立場から客観的に書き下ろしたものであるという点で大いに意義があるとともに、社会連帯経済、イタリアの「社会的協同組合法」および韓国の「社会的企業育成法」にもふれていることは、共同連を今日的状況のなかで捉えているといえる。

なお、本書全体の理論とイデオロギー、その構成は編著者である私の責任のもとにあることをここに書き添えておく。

私の点字の原稿を墨字パソコン入力していただいた大澤美代、阿部美恵子両氏に、またその活字原稿を読みあげていただいた「品川朗読ボランティアグループ朝笛」のみなさんにも、この場を借りて御礼申し上げたい。

社会評論社から本書を出版するにあたり、松田健二代表取締役に深くご理解と励ましをいただいたことに心より感謝申し上げる次第である。

障害者が労働力商品を止揚したいわけ＊目　次

第二部　共生・共働の理念と運動

第一部　共生・共働の世界観

堀　利和

第一章　資本主義を超える

第一論考　「市民」から「共民」へ—能力身分制市民社会を超えて—

封建制身分社会を超えた市民および市民社会が、あたかも普遍的でかつ歴史的にも最高度に発達し、「完成」された諸個人の社会であるかのように受けとめられているが、実はそれも近代資本主義社会、つまりブルジョア市民社会は、歴史的にもきわめて特殊な一段階の社会にすぎないということである。市民は封建的身分制社会から解放されて自由となり、出自とかかわりなく平等な存在となった。

市民という概念がそうであるように、「国民」という概念も18世紀のフランスにおいて成立し、また日本においても「国民」意識が形成されるまでには明治新政府もかなり困難を強いられたようである。そして「社会」という概念もまた、明治以降に西洋から導入されたものである。結論を先に言えば、市民と市民社会は資本主義に照応した社会であって、したがって歴史を超えて未来永劫に続くというわけでもない。

それではその後に予想される新しい社会とは何かということであるが、そのことを先ず検討してみたい。

市民社会に実在する市民とは、つまり市民社会とは、近代資本主義経済社会の商品市場経済を「土台」にした社会のことであるから、したがって商品交換の形式的外面的等価交換の合理性に規定された社会の内部に実在する独立した諸個人のことを意味する。市民は市民社会の中にあって、土地や封建的身分に縛られることなく、自由である。しかしながら、その自由は、商品市場経済に基礎づけられた市民社会の制約の中に限定された限りにおいてのそれであり、財力や個人の能力に応じた自由でもあり、したがってそれは市民（庶民）にとっては基本的には形式的外面的自由で、不安とともに保障される自由である。労働者が、失業つき労働市場で自由であるようにである。

表意文字である日本語に従えば、市民とは、「市（いちば）」の「民（たみ）」のことであり、市場の民なのである。ただしこの場合の「市（いちば）」とは、当然資本主義的商品市場経済の「市場」を意味する。

資本主義的商品市場経済の下では基本的に市民社会は格差と不平等を広げ、特にグローバル新自由主義経済にあってはそれはなおさら顕著である。トマ・ピケティが『21世紀の資本』（みすず書房）で明らかにしたように、適切な政策がとられない限り、市民社会の内部に格差と不平等が拡大し常態化することは避けられない。こうした市民社会では市民はアトム化されてバラバラになり、孤立化し、集団主義から個人主義への傾斜を強め、都市化、無縁化、そして地域社会の崩壊といった現象をうみだすこととなる。この場合の市民とは、不特定多数の抽象的無人称の個人となって実在し、その原因と結果は市民社会にあっては自己決定と自己責任論に収斂される。それでもなおわずかにそこに期待がもてるとしたら、今はせいぜいそれしかないのであるが、税と社会保障（福祉）に基づく所得再分配の公正な対処療法的後付政策に希望をつなぐだけである。だから最近とみに社会政策論がもてはやされるのも、その証左の一つであろう。

いずれにせよ、こうしたグローバル新自由主義的経済政策が進行していく市民社会の内部にあっては、特に格差と不平等、貧困と排除の情況が進み、人間と人間の関係が物と物、貨幣との関係になって一層人間関係が希薄となって無力化し、不特定多数の抽象的無人称の個人群が、形式的自由と、形式的平等と、形式的権利保障の中に沈殿していく。しかしそれでもなおわずかでも私たちに希望が残されているとしたら、「形式」だけがかろうじて崇高な普遍的理念をかもし出すといえるのであろう。つまり、建前としての「形式」を武器に、それをいかに「実質」に肉迫していくことができるかどうかである。換言すれば、市民社会の中には形式的人間と実質的人間の二種類が存在していると言えるのである。

オルタナティブ、アウフヘーベン、レボリューション、それらを現実に即した手がかりとして、なぜならヘーゲルが言うように合理的なものは現実的であり、現実的なものは合理的であるから、したがってそれを未来への可能性として主体的につなげていくことがきわめて肝要である。

それでこれまで論じてきた概念、市民と市民社会、すなわちこれを、オルタナティブ、アウフヘーベン、レボリューションの手がかりから、「市民」を「共民」に、「市民社会」を「共民社会」に、これを、開かれた共同体の新しい概念としてここに提唱する。決してそれは、資本主義的商品市場経済のブルジョア市民社会の延長線上を意味するものではなく、もとより市民社会の充実発展を前提にするものでもない。市民社会が未来永劫続くということを意味するものでもない。「共民」「共民社会」なのである。いうなれば、奴隷社会、封建社会、市民社会、そして「共民社会」への歴史的発展を理解する必要があるであろう。

さて、これまでは市民社会の諸個人、すなわち市民の自由と平等と権利についてふれてきたが、次に、市民としての諸個人を規定する資本主義的商品市場経済を正面から取り上げなければ、その本質は見えてこない。マルクスが言うように、人間の意識が彼らの存在を規定するのではなく、逆に、社会的存在が彼らの意識を規定づけるからである。こうした唯物論的認識論が「市民」から「共民」へ、「市民社会」から「共民社会」への転換の必然性として理解できる。

人間の存在は、したがって意識は、自由ではいられない。基本的には経済的「土台」によって規定され決定づけられるからである。つまり、それは、経済的価値法則からは決して自由ではないということである。「価値法則」の下では人間は自由ではない。「価値法則」の等価交換にしたがって人間と人間の関係も決定づけられ、人間はそのようにしてしかふるまうことができない不自由さの中に存在している。

それでは自由になるためにはどうするのか。原理論的には「価値法則」を廃絶し、商品市場経済、労働力商品を止揚し、それにともなって、人間は自らの意志に従って自由に経済社会を創ることができるのである。それには、「市民」から「共民」、「市民社会」から「共民社会」への転換のための経済、そのような経済を創造しなければならない。

それは、贈与の経済、相互扶助の経済、とどのつまり資本主義的な形式的等価交換から実質的な等価交換を実現しながら、さらに実質的な等価および不等価交換の経済（贈与の経済、相互扶助の経済）、換言すれば商品市場経済によらない市場と非市場を組み合わせた経済、人間的な経済なのである。それが開かれた共同体としての「共民」「共民社会」の経済のことである。

これまで論じてきた自由の概念、形式と実質の観点からの自由、すなわち自由主義経済ではなく、贈与と相互扶助の「経済の自由」についてであるが、経済的価値法則を止揚した後の自由、それをより鮮明に理解するために、ここで大内秀明著の『ウィリアム・モリスのマルクス主義』（平凡社新書）から引用すると、

モリスはエンゲルスのように、『資本論』の科学を、唯物史観のイデオロギー仮説の枠内に還元したのではない。逆に、『資本論』の科学により、自らのイデオロギーの主張を基礎づけようとした。エンゲルスの『空想から科学へ』ではない。逆に、『科学からユートピアへ』の理想のヴィジョンを訴えようとしたのです。

としている。また、このように科学とイデオロギーを、つまり『資本論』と唯物史観を明解に区別した点を、一層詳らかに論じているのが佐藤優氏である。ウィーンの『マルクスの資本論』に優れた書評「『資本論』の論理で新自由主義を読み解く」を寄せている氏は、また『資本論』について次のような見解も示している。『いま生きる「資本論」』（新潮社）のなかで、

宇野経済学というのは、いわば価値中立的に『資本論』を読む姿勢ですから、資本家と戦うためで

はなく、資本家のために資本とは何かを説いた本として『資本論』を読むこともできるわけです。そんな視座で『資本論』を読んでいる人に、イギリスの高級紙「ガーディアン」で長く記者をしていたフランシス・ウィーンがいます。彼の『マルクスの「資本論」』という本がポプラ社から出ていますが、いい入門書です。ウィーンは、マルクスは『資本論』を労働者のためではなく、資本家見習いに向けて書いているのだ、と言っています。資本家の立場で資本主義を見て、どういうふうにすれば資本というものは流通して増えていくのか、どういうふうにすれば儲かるのか、そこを『資本論』は考察しているのだ、と。実は私も同じ意見ですし、宇野経済学の考え方も同じです。そして、ウィーンが指摘する、「『資本論』は未完成の断片的な仕事なのである」、「マルクスに十分なエネルギーと時間さえあれば書いていたはずのことが省略され、語られないままになっている。そして批判者たちが勝ち誇ったように指摘することだが、いくつものミスや誤解がある」というポイントについて、省略を補足する声を出し、ミスや誤解を訂正してきたのが、欧米のマルクス主義者やマルクス経済学者ではなく、宇野弘蔵でした。日本人が『資本論』の読みを深めていったのです。

と書いている。

　私も宇野弘蔵の立場に立つのだが、宇野弘蔵が唯物史観を「導きの糸」としたように、科学としての経済学『資本論』はイデオロギーとしての唯物史観に導かれたものであってブルジョアイデオロギーに支えられたものではないということを、ここで付言しておきたい。確かにたとえ科学とイデオロギーとの関係に差異はあるにしても、自然科学ではなく社会科学（自然科学が人間の主体を自然法則の外部に留め置くのに対して、社会科学は人間の主体を社会の内部に関与、つまりその背後に人間の意志が関与していること）である以上、科学としての経済学『資本論』には『資本論』の魂というものがあるはずである。『資本論』を読んで資本主義を肯定するのか、それとも『資本論』を読んで資本主義を否定するのかである。仮にも科学が客観的なものであるにせよ、「最後の鐘が鳴る」という必然論ではないにしても、「最後の鐘を鳴らす」ことはできる、と。そしてそれは同時に理論的に不可能ではないということでもある。没主体的に疎外された人間があたかも経済の中で電気仕掛けの人形のように動いている存在ではないからである。しかも「パン」を求めるだけではなく、たとえそれがきっかけであったとしても、根底には人間の関係を物と物との関係に貶めた商品市場経済の資本主義を、そしてその残滓をも超えようとする主体性が、人間にはあるからである。これについて二人の経済学者と哲学者、宇野弘蔵の経済学と梅本克己の哲学の二人の、すぐれた理論が物語っていると考えてよい。

そして、カール・ポランニー著『市場社会と人間の自由』（大月書店）の「解説」では、「経済的自由主義は、人間の自由を市場経済の変化への能動的適応として、民主主義を市場経済のコストとして、権力と強制力を人間の願望と意志によって取り除くことができるものとして考えてきたが、ポランニーは人間の自由と民主主義を市場経済に結びつけるそのような見方に根本的な疑問を提起したのである。」さらにポランニー自身の次の長い文章をあわせて引用する。

マルクスにおける「ある」と「あるべき」

社会主義の世界像――「ある」世界と世界観――「あるべき」世界――はそのように一つの単位をなしている。論理学にとって「ある」と「あるべき」とのあいだに開いている裂け目は、人間的であり人間的でしかない存在のもっとも内面的な立場によって克服される。人間について語る人は、「ある」と「あるべき」が一つになったもののことを語っているのである。物として、動物としては、人間というものは裸である。人間は裸の存在である。しかし、われわれの世界の、人間世界の尺度および意味としては、人間はあるべきものの総体である。人間と他の生物あるいは物との違いは、裸の存在間の違いである。人間であることが人間にとって何の意味もないとしても、人間は他の種族とは異なる一つの動物種族、他の物から区別される一つの肉体的な物ではあるだろう。しかし、私が他の人間とは区別される一人の人間について、彼は他の人間よりも人間的であり、他の人間以上の人間であり、本当の意味で人間であり、他の人間はこの名前にふさわしくない、と主張する場合には、これは別のことを、つまり人間の存在本質についてではなく、人間のあるべき本質についての判断を意味している。この判断の意味は、他の判断の意味と同様にひじょうに明確である。マルクスが「市民的」社会の代わりに「人間的」社会を望む場合、それはこの判断の意味で理解すべきである。二つの社会はともに人間からなるが、今日の社会は人間的ではない（マルクスが人間的なものの存在についての見解を体系的に説明した箇所はどこにもない）。

それにもかかわらず、人間存在のこの社会主義的理想は、市民社会に対する社会主義的批判の支柱でありつづけている。マルクスの全著作は、人間が人間になることを許さない市民社会に対する唯一の有罪判決であった。資本主義経済とその法則に対する彼の批判は、市民的世界の一断面に即してその本質的な品位のなさ、その非人間性を証明しようとする唯一の試みであった。時代を告発する文献、貧困哲学と貧困小説―その多くは高貴な精神の著作である―は、資本主義的諸関係の不正に対する怒り、大衆のなんともひどい悲惨さに対する怒りを書きたてた。そしてそれらの多くはすでにマルクス以前に、そのような社会秩序のなかでは富者の生活もつまらなさと虚偽のうちに消え去るに違いないことを見抜いていた。その必然性をもって階級分裂を生じさせるに違いない、ということである。しかし、マルクスはさらにもう一つのことを見抜いていた。それが彼の人類史的重要性をなす。彼は、資本主義社会は不正なだけでなく、不自由でもあることを把握していたのである。

法則がすべての個々人の生活を支配する社会状態には、自由が欠けている。そしてこの外見上の法則が実際にはわれわれ自身の行動の事実にすぎないことを、われわれの理性は理解することができる。労働者だけでなく資本家も、マルクスが見たように市場法則に隷属しており、資本家がその法則を使って自分たち自身を安楽にし、労働者を貧困なままにしておく場合でも、彼らはその法則の臣下にとどまっている。資本家にはこれ以上の経済的公正を許す分別が欠けているということではなく、彼らがこの分別をもっていたとしても、それでも経済の外見上の主人である彼らには、その可能性が与えられていないだろうということである。そこにマルクスは、人類の現在の状態が底知れないものであることを見た。だから彼は分別を説くのではなく、その分別が実効性をもつ社会のための闘争を説いたのである。

だからマルクスは、理想主義に固有の影響力を認める理想主義者さえも拒絶した。マルクスが人間社会を、自分で目的を設定する能力のない物理学的原子の単なる一塊と等しいもののように考えたかのようだ、というのではない。そうではなく、資本主義社会においては、自分の意志にかかわらず、ないとはいえない個々人の誠実な理想主義にもかかわらず、人間は意志のない単なる原子であるかのように振る舞うしかないからであり、彼らすべてにとって理想主義は、ひじょうに強力な複雑さの物言わぬ強制力に対しては無力だからである。これは高等な恐ろしい分別であり、そこからマルクスにはわれわれの世界が地獄に見えたのである。価格の数字の目に見えない糸を、マルクスはどれほどありありと具象的に見たことか。その糸が、個々人や大衆全体をときには工場から失業の悲惨へと力ずくで引っ張り、ときには出来高払い賃金の斜面の上を働きすぎの消耗へとすべり落ちさせ、ときには熱狂的な好景気の最中に突然、資本家とプロレタリアが悲嘆にくれるなかで工場の死者たちの棺の蓋を打ち付けて閉じるのである。そして同時にマルクスが見抜いたのは、嘆き悲しむ者自身がみな自分では知らないままに、どのようにしてこの糸を紡ぎ、罠を仕掛け、夢うつつのまま自分が縛られてしまうまでその罠を引っ張ったか、ということであった。マルクスは人間を見たのだが、等しく目をくらまされた奴隷である人間が、自分では知らないままに自分で結んだ結縄文字を使って、自分たちの運命をどのようにして手探りで調べたか、ということを見たのである。（『市場社会と人間の自由』56～58頁）

ポランニーの以上の文章の中で特に注目すべき箇所は、そして本論考としても重要なのは、「マルクスが『市民的』社会のかわりに『人間的』社会を望む（中略）人間存在のこの社会主義的理想は、市民社会に対する社会主義的批判の支柱であり続けている。マルクスの全著作は、人間が人間になることを許さない市民社会に対する唯一の有罪判決であった。資本主義経済とその法則に対する彼の批判は、市民的世界の一断面に即してその本質的な品位のなさ、その非人間性を証明しようとする唯一の試みであった。」および「法則がすべての個々人の生活を支配する社会状態には、自由が欠けている。」という内容である。

すなわち、資本主義的経済社会の概念における「法則」と「自由」、そこから資本主義を超える社会の解放された人間の状態は、市民社会にかわって私がいうところの「共民社会」ということになる。

第二論考　国家社会主義から共生社会・主義へ

「国家社会主義」を疑え

資本主義を超えるものとしてまだ光り輝いていた時代の社会主義も、残念ながら歴史の置き土産になってしまった感がある。いうなれば中原中也が「汚れっちまった悲しみに」と詩ったように、「汚れっちまった社会主義」はもう一度未来を照らすことができるのであろうか。

それには当然原因と理由があるわけで、この場合、社会主義革命が先進国ではなく後進国で起ったために中央集権的な社会主義国家を建設せざるをえなかったとか、あるいは理論は正しかったが歴史に実在した、そして今現に実在している社会主義国において固有な問題があったのだというように、その原因と理由をそこに求めたのではあまりにも非現実的で、非唯物論的になってしまうのではなかろうか。その原因にはやはり歴史的に矮小化された理論の検証、または理論的に再検討する必要があるのではないかということである。

つまり、公式的社会主義理論、および正統派マルクス主義理論の検証ということである。

最近、私の中でもようやく問題の所在が明確になりつつあるように思われるが、そのことをより確証的に提示してくれたのが『ウィリアム・モリスのマルクス主義』であった。明解すぎるといえばその通りであるが、私がここ何年かの間おぼろげながらに考えていたことが、ここにおいて明確になった。あわせて『土着社会主義の水脈を求めて：労農派と宇野弘蔵』（大内秀明・平山昇共著　社会評論社）も大変参考になった。それで『ウィリアム・モリスのマルクス主義』から一部を紹介すると、

モリスはエンゲルス・レーニン流の唯物史観の枠組みにマルクス『資本論』の商品・貨幣・資本の科学を読み込もうとはしませんでした。むしろ唯物史観の枠組を考慮することなく、所有法則の転変についても、そこから生ずる「誤解」に重大な警告を発していたのでした。そして、先輩のラスキンなどから学んだユートピストのロマンチックな人間解放の社会主義としての理想を、マルクス『資本論』の科学によって根拠づけようとしたのです。モリスの〈科学的社会主義〉の主張は、エンゲルス・レーニン流の唯物史観に還元された〈社会主義的科学〉ではない。唯物史観のイデオロギーに従属させられた科学ではないのです。逆に、共同体の新たな復権を目指したユートピストの理想を、

『資本論』の科学によって基礎づける〈科学的社会主義〉の主張だった。

事実、『資本論』の科学は、社会主義のイデオロギー的主張の書ではありません。社会主義のイデオロギーにより変革すべき対象、つまり純粋資本主義の運動法則が書かれ、変革の主人公であり、主体となる商品＝賃金労働者の経済的地位があきらかにされます。それだけであり、それ以上ではありません。


私の問題意識は常に障害者の労働問題、従って障害者問題からマルクス学を見ている。そこから出発して普遍主義へ接近しようとするものである。

本論考では、なによりも生産手段の所有関係とその形態、労働力商品の問題として、それらを止揚して初めて資本主義を乗り越えることができるのであり、その際の社会主義は、私の場合「共生社会・主義」となるのであるが、社会主義の頭に「協同組合」や「共同体」を乗せるのとそれほど意味が変わるものではないと思われる。ただ私の場合には私なりの理論があって、それを次に書くことになるのだが、同時に「共同体」が胸の中に直接落ちてはこず、どうしてもそれが封建的村落共同体をイメージし、ましてや大都会では生産部面と生活部面（消費）とが空間的にも時間的にも分離されてしまっていることに違和感があるからである。だから実感的に受け止められないのである。理論ではなく。したがって、私は共生社会・主義としての「共民社会」ということにならざるをえないのであって、それが資本主義的ブルジョア市民社会を超えるものとして考えている。

「共生の遺伝子」説としての共生の概念

私の共生の概念は拙著『共生社会論――障害者が説く「共生の遺伝子」説――』から始まる。それを根拠に、共生社会・主義としたのである。

香田康年著の『遺伝子のたくらみ――ヒトは恋せずには生きられない』(PHP文庫)に共感して、私は、人類がその進化の過程で「共生の遺伝子」を性質として獲得したという仮説にいたったのである。

それはまず、ドーキンスが動物行動学から「利己的遺伝子説」をうちたて、そしてハミルトンが一見利他的ともみえる行動を「血縁淘汰説」によって解明し、さらに私は「共生の遺伝子」説を仮説として加えたのである。説明はこうだ。

私たちの祖先は安全な森の木の上に暮らしていた。ところが、木から降りて危険な地面を2足歩行するようになった。他の類人猿との戦いに敗れたかどうかはわからないが、そうする。そしてさらに、肉食獣がいるいっそう危険なサバンナに出ていく。なぜそのような行動をとったかは進化論でもわからないという。

人間は哺乳類の中でも体が大きく、足が遅く、牙や角もない。肉食獣から身を守るすべはほとんどないのである。にもかかわらず、私たちの祖先は絶滅しなかった。なぜか――

私たちの祖先は家族や仲間とすぐれたコミュニケーションを持ち、お互いに助け合い、支え合い、共に生きるすべを身に着けたからであろう。それで肉食獣から身を守ったのである。こうして、私たちの祖先は進化の過程で「共生の遺伝子」を性質として獲得した。他の動物は基本的に1頭1匹で生きられるが、人間は単独では生きられない。生存できないのである。

共に生きる「共生の遺伝子」は唯物論的進化の過程で獲得され、存在し、宗教や道徳律、政治的スローガンより前にそれを形成していたといえるのである。

さてそこで、次に問題にしなければならないのが人間にとっての「利己的遺伝子」、「血縁淘汰」、「共生の遺伝子」の関係である。人間は動物である。しかし同時に、動物の例外者でもある。ほとんど唯一の例外者といってもよい。「共生の遺伝子」を進化の過程で性質として獲得した例外者である。

では、人間にとって三つの関係はどうなるか。人間は社会的動物であるから、社会的存在であるから、「社会-内-存在」であるから、それらは社会的環境によって支配される。「利己的遺伝子」に支配されて動物のように利己的行動をとるのか、それとも「共生の遺伝子」に支配されて人間的な利他的行動をとるのか、ひとえにそれは社会環境によって大きく左右される。社会的環境が、「利己的遺伝子」の方を出現させるのか、「共生の遺伝子」の方を出現させるのかを決定する。ほとんど唯一人間だけが、「共生の遺伝子」によって利他的行動をとることができるからである。時には自らの命を危険にさらしてまでも、見知らぬ赤の他人を助けるように。動物にはありえない行動をとる。だから私たちは、「共生の遺伝子」が心地よくなるような社会環境を創らなければならない。ちなみに、利己的遺伝子にとっては資本主義社会はとても居心地が良いと言えるであろう。

「共生の遺伝子」説としての共生の概念に基づいて「共生の遺伝子」が出現しやすい経済社会を主体的に意識的に創っていくことであろう。それが共生社会・主義のイデオロギーである。だからといってそれは、「共生の遺伝子」が出現するための社会環境を、上から強権的に社会主義ファシズムとして構造化するものであってはならない。

「個人的労働」の止揚を求めて

「あなたみたいな人はどこの会社も雇わない。私の会社だけではなくて、あなたがどこに行っても、何回面接試験を受けても落ちる。」

これは誰の責任か。原因はどこにあるのか。面接を受けた障害者の責任か、それとも面接をした会社役員の責任か。原因はともかく、面接に落ちて就職できなかった結果は事実。就職できなかった障害者は存在する。この事実に対して、誰がその理由を経済学的に説明するのかである。社会政策論ではなく。

障害者を雇わない企業の論理、すなわち、資本家（経営者）は資本の論理を人格化したにすぎないから、経済の価値法則から言っても、剰余価値を生まないどころか賃金に見合った必要労働すらなしえない障害者を雇わないのは当然で、雇わない経営者が必ずしも非人道的で悪人というわけではない。資本の論理を体現した素直な人間である。

その本質は、つまり雇う雇わないということは労働市場において雇用は民法上の労働契約であるから、自由契約であるから、結果、賃金を通して売買される労働力の商品化の論理を認めざるをえないことになる。経営者は障害者の労働力を買わないのである。彼の「個人的労働」を評価しないのである。

奴隷は身体そのものを商品化され、労働者は労働力を商品化する。農奴は生産物を外部から収奪された。

労働力商品の原理については形式的な等価交換（実質の不等価交換）に基づいた剰余労働、剰余価値と搾取の構造が、マルクス経済学によってすでに明らかにされている。しかしながら先ほどの障害者の労働に限っての限界は、18世紀以降の経済学はそもそも「個人的労働」、すなわち一個人の独立した労働力を「単位」としてそれを前提にするために生じた事象である。労働、労働力、労働力商品の概念をそれぞれ根源的に問い直し、すなわち「個人的労働」とは、私が言うところの「健常者の平均的労働能力（これを、マルクスは、社会的平均労働量とした）」を想定しているといえるのである。

搾取と失業をイデオロギー的に、経済学的にどのように理解し、評価するかは、資本主義であろうと社会主義であろうと、結局のところ、労働力所有者「個人」を基本的な「単位」にした「個人的労働」である限り、労働力商品の止揚ということにはならない。いうまでもなく、それは、資本主義であろうと社会主義であろうと、その経済は「健常者の平均的労働能力」を前提に成り立っているといえるからである。それを図式で表すと、次のようになる。

労働力商品――健常者の平均的労働能力――マルクスの社会的平均労働量

「個人的労働」のアウフヘーベンとは、労働力所有者「個人」の「単位」から、その「個」としての存在の呪縛から、経済学を開放しなければならない。社会主義のソ連でも、盲人工場や聾者のための工場がわずかにあっただけで、その他の多くの障害者を労働に動員したとはあまり聞いていない。このことで私がもっとも注目している点は、結局、労働力商品の止揚には向かっていなかったということである。

社会主義といえども、労働力が「個人」を「単位」、すなわち「健常者の平均的労働能力」を前提にする限りは当然の帰結であろう。

それゆえ、私が労働力商品の止揚という際には同時に個人を単位とした「個人的労働」もまた止揚されなければならない。独立した個人を単位とした「個人的労働」という原理も、他の原理に移行しなければならないということであり、それを超えた次の原理が想定されなければならない。それではそれを確かなものにするためにははたして何が基本条件になりうるかということである。それは生産手段の所有関係とその形態であり、資本主義的私的所有でもまた社会主義的国家所有でもない、つまり共生社会・主義の第三の共有論である。労働の自主管理、共有管理である。それは共生と連帯のイデオロギーに支えられた共同体的共有論にほかならない。国家社会主義が陥った「所有」から「占有」、特権階級による「独占」であっては決してならない。国家権力も国有企業も、そのように正当化されてはならない。

それでは次に、想定される身近な事例から、生産手段の所有の関係とその形態が働く人間の立場とその関係をいかに規定するかを考えてみたい。健常者と重度の脳性マヒ者が共同経営のカレー屋で、重度の脳性マヒ者がただレジにいてなじみの客と会話をするというだけの、そんな店を、私は身近に経験したことがある。それをイメージして次の文章を書いてみた。

重度脳性マヒ者AとA´

重度脳性マヒ者Aは、レストランのウェイターとして働いていた。働いていると言っても、せいぜい電動車いすに備え付けたトレイに水やドリンクを載せて客に運ぶ程度であった。それが彼の仕事であった。一方、別のウェイトレスはいろいろな品物を手際よく運び、忙しく走り回っていた。二人の給料はほぼ同じ。当然ウェイトレスはAに対して不満をもっていた。経営者に抗議をし、賃金に差をつけAに支払う分の一部を自分に渡すよう要求した。

次にA´の場合はどうなるのだろうか。

A´は、電動車いすに備え付けたトレイに水やドリンクを載せて客に運ぶ程度であった。それが彼の店での仕事であった。一方、ウェイトレスはいろいろな品物を手際よく運び、忙しく走り回っていた。ウェイトレスはもう少し給料が上がればと期待しながらも、A´には不満をもっていなかった。A´はレストランの経営者・オーナーである。

レストランの所有者は誰か。労働は誰のものか。

労働哲学と所有論

人間にとって労働とは、労働とは何であるかについてまず簡潔に確認しておきたい。

ヘーゲルは労働が人間の本質を決定するものだということを明らかにしたが、それが抽象的で超歴史的であったため、マルクスから手厳しい批判をうけた。ヘーゲル左派のフォイエルバッハが『キリスト教の本質』のなかで、「神が人間を創ったのではなく、人間が神を創ったのである。」とした人間主義的唯物論を超えたマルクスは、労働を具体的で現実社会からけっして切り離されることのない社会的諸関係の中で捉え、それを、ヘーゲルのように肯定的な側面からだけではなく、人間をむしろ隷属させる不自由なものとしての、もう一つの否定的な側面を発見した。さらに『経済学・哲学草稿』のなかで明らかにしたのは、労働とは、人間が外在化の内部で、あるいは外在化された人間として向目的になることだとした。そして、労働は人間の自己産出の行為あるいは自己対象化の行為であり、生命活動、生産的生活そのものであるとしている。つまり、労働は労働する人間の実存に関与するものであり、したがってそれは単に経済学的諸関係を超えて、存在論的カテゴリーとして捉えられるとしたのである。

　私が労働を通してこれほどまでに経済社会論にこだわるのは、人間の価値と関係、生存の形態がそれによって大きく規定され、根本的に基礎づけられているとみるからである。それを分析・解明して初めて社会総体の価値と関係性が明らかになると言える。労働は誰のものか、所有形態はどうなっているか、それはいたって重要な概念である。そのためにはまず、労働哲学について論じてみたい。

　資本主義は生産手段の私的所有を通して労働力を商品化し、形式的等価交換のもとで搾取の構造を正当化させる。労働は労働者のものであって、労働者のものにあらず。これが現実である。「個人的労働」は他人のものになる。労働者の所有から資本家（経営者）に移転する。マルクスは経済学においてこうした疎外労働を明らかにした。それと同様、イスラム経済論でも、「直接的な労働」という概念に基づいて「労働は労働する労働者に帰属する」として、「労働の商品性」を禁止している。これは明らかに労働力の商品化論に他ならない。

　こうした生産関係の下で「労働者」は階級となる。労働者は階級概念であるから、その階級が消滅した際には労働者に代わって「労働主」という概念が成立する。それは、労働の自主管理・共有管理として直接的な所有者、つまり「労働主」と概念化されるべきものと、従前より私は考えている。

このように、労働を個人の所有とする働き方は、社会連帯経済の実態としての社会的企業に定義付けられる。その労働は、個人的労働の集合体として「協同労働」の形態をとる。この段階の次に論じなければならないのが、共同連が進めている「社会的事業所」である。

既存の労働は、一般労働市場に適応できる健常者の平均的労働と、一般雇用の対象にはならない重度障害者の労働（福祉的就労）との二元論を構成している。これに対して社会的事業所にみられるような働き方は、健常者の労働と重度障害者の労働という二元論では捉えず、それを止揚した労働の一元論である。労働には質と量の二つの側面があるものの、健常者の労働と障害者の労働という二つの別のカテゴリーが存在するわけではない。労働力商品になるかならないかだけである。したがってそこには「特殊・特別」という障害者固有の労働概念が存在するわけではない。それゆえ職業訓練も、個人のためにではあっても雇用主に雇用されるためではない。

それを普遍的な一般社会経済の新たな段階で論じてみれば、徴兵制のように教育過程を終えた国民はすべて労働に従事し、その義務はしたがって「雇用契約」なるものは存在せず、ただあるのは「離職契約」のみである。病弱、出産、高齢等その他正当な事由がある場合に限り「離職契約」は履行される。もちろんそれには所得保障が適用される。これをベーシックワーク「絶対雇用」といってもよいであろう。このような労働のあり方を非人間的な共生労働とみる向きもあろうが、それは労働を人間的喜びではなく、あくまでも奴隷制の奴隷労働かもしくは労働力商品の労働、それ以外の労働はありえないと考えていることに他ならない。しかしここで主張しているのはそのような労働ではない。

同時にそれは、社会的に有用性を伴う「社会的労働」もしくは「役割労働」となる。その「役割労働」とは、たとえば実際、台湾の勝利台北心身障礙妹潜能發展中心（社会的企業として二百人のうち八割が障害者、年商一五億円）が経営する新北市のファミリーマートでは、一六人の定員のうち九人が障害者で、品物の運搬や整理は精神または知的障害者、レジは身体や聴覚障害者で分担し、特に店内に入ると入り口で女性が大きな声で接客挨拶、それが中度の知的障害を持つ彼女の「役割労働」なのである。

社会的事業所についてであるが、これは個人的労働でもいわば「健常者の平均的労働能力」以下の者も包摂した「共働」、つまり、障害者のみならず社会的に排除された人を一定程度含んだ労働形態で、自らに合わせて対等平等に働き合う。要するに労働の自主管理、共有管理なのであって、それでいてその純益は対等平等にそれぞれの生活実態にあわせて分配する「分配金制度」を基調としている。その特質はまさに労働参画を前提にした「存在論」から始まる。

「健常者の平均的労働能力」が絶対条件にはならず、先ず「存在論的」に包摂したところから「共働」が成立する。このような働き方は人間のオルタナティブな価値と関係、新しい労働の創造を意味する。したがってこれは、障害者のみならずすべての差別を解放することにもつながる。その意味で社会的に排除された人をその排除した社会にそのまま再び戻す政策（対策）に力点を置くだけではなく、そもそも、排除した社会そのものを構造的かつ根本的に修正、改革、変革、かくめいすることがいたって重要なこととなる。こうして、障害者も、普遍主義の立場を獲得して福祉の奴隷から解放される。

次に問題にしなければならないのは、所有論である。

社会的事業所は、社会連帯経済の実態経済としての社会的企業に定義づけることができよう。社会連帯経済は、互酬性、市場、再配分、政府・行政、コミュニティの複合的な原理を結合したハイブリッド型の市民参加による経済の民主主義的な社会統合の経済であるといえる。ちなみにここにいう市民とは、社会に対して政治的・社会的意識をもった自発的な自立した個人や集団のことである。それは社会連帯経済の担い手でもある。しかしそもそも市民とは、封建的身分制社会から解放された自由人としての歴史的に積極的な価値評価を与えられた存在であるとともに同時に失業と社会的排除の自由も与えられ、つまりは不特定多数の無人称の抽象的存在の概念であることは否めない。だから社会連帯経済の担い手としての市民は、市民社会の中にあって同時に市民社会の外部的存在であるとも言えるのである。いずれにしても、現代社会が創出した諸問題を、社会目的をもった非営利のビジネス手法で自らの課題として共有し、それを「協働労働」によって解決するものである。それゆえ、その所有論は、共有論でなければならない。

その所有論は、資本主義的生産手段の私的所有論または社会主義的国家国有論でもない、第三の共生社会主義的共有論、と私は考える。連帯と共生のイデオロギーに支えられた共有経済論に他ならない。

また、『協同組合社会主義論　大内力語録』武市篇編（こぶし書房）の中で、協同経済、計画経済、市場経済の三つの分野を示し、井上達夫氏も『哲学塾　自由論』（岩波書店）の中で、アナーキズムに関連して国家、共同体を展開している。

ここで付言しておかなければならないのは、所有論と経済の関係において、社会連帯経済および国家と法、つまり政治過程論への問題意識の重要性であり、国家論、国家とは何かについては労働力商品を止揚した後に「国家」がどのように扱われるかである。

以上のことを総括してとりあえず未来社会のイメージを私なりに示すと、

国家は「調整国家」。すべての関係を調整するための機能として存在する国家調整機能説である。

市場経済は「使用価値経済」。経済の原理は市場に代わって、等価および不等価交換に基づくすべてにおいて使用価値経済となる。

共同体は「レベル共同体組織」。共同体の構造はレベルおよび部門並びに水平的相互独立による共同体組織の関係とする。

というものである。

『ウィリアム・モリスのマルクス主義』の中で、「モリスは、エンゲルス・レーニン流の唯物史観の枠組みに、マルクス『資本論』の商品・貨幣・資本の哲学を組み込もうとはしませんでした。むしろ唯物史観の枠組みを考慮することなく、所有法則の転変についても、そこから生ずる「誤解」に重大な警告を発していたのでした。そして、先輩のラスキンらから学んだユートピストのロマンチックな人間解放の社会主義としての理想を、マルクス『資本論』の科学によって根拠づけようとしたのです。モリスの〈科学的社会主義〉の主張は、エンゲルス・レーニン流の唯物史観に還元された〈社会主義的科学〉ではない。唯物史観のイデオロギーに従属させられた科学ではないのです。逆に、共同体の新たな復権をめざしたユートピストの思想を『資本論』の科学によって基礎づける〈科学的社会主義〉の主張だった。」

国家社会主義的所有論の限界性と共同体論

ここで、国家的所有論が優位性をもつ社会主義的所有論についてぜひとも付言しておきたい。社会主義は、労働者人民の国家権力による生産手段の私的所有を否定した社会的所有ないしは国有に転換するものである。その社会主義的所有としての企業は同時に国家的所有とならざるを得ない。そしてそれはまた、社会主義的「所有」から「占有」という概念を成立させる。そこから、占有者と非占有者との間に権威的なヒエラルキーの管理制度が発生する。社会主義的所有も占有も、労働者全人民の所有として正当化される。

しかし、労働者人民、社会主義的企業、および国家の関係がヘーゲル弁証法から立証されるにしても、その論理体系の内部に労働者人民への支配・管理の正当性を国家権力に委ねてしまう結果に陥る。いったん成立した国家権力は美名のもと、それ自体が自己目的化される。共産党、テクノクラート、高級官僚その他一部の特権階層の占有が固定化され、再生産される。

歴史に登場してきた社会主義は後進国ゆえの資本主義社会経済の未成熟も原因して、また政治的プロセスにおいても、そのような現実を生み出したことは事実である。それだけに、資本主義化においても当該社会の内部から自立した「市民」の「市民経済」の成熟と、社会連帯経済としての協同組合、社会的企業、社会的事業所への取り組みがいっそう肝要不可欠なものとなる。

再び『ウィリアム・モリスのマルクス主義』から引用すると、

「モリスの共同体社会主義における宗教の位置、その役割から考えれば、さらに日本的知的土壌からすれば宗教的色彩を込めることに意味があるように感じます。後に説明するとおり、モリスの共同体社会主義の共同体の単位は、地域のコミュニティとしての「教区」ですし、共同体の組織も、宗教的な倫理観が強い〈共生〉に基づくものだからです。」

ということである。

最後に、国家と社会主義の関係について論じたい。

大内力が、社会主義の冒頭に「協同組合」、大内秀明氏が「共同体」を持ってきている。

大内秀明氏は労働力商品を止揚したうえで、著書『ウィリアム・モリスのマルクス主義』の中で、「モリスの共同体社会主義の共同体の単位は、地域のコミュニティとしての『教区』ですし、共同体の組織も、宗教的な倫理観が強い共生に基づくものだからです。」と解説して、共同体社会主義を提唱しているのである。これは、マルクス、エンゲルス、レーニン主義という公式的正当派マルクス主義ではなく、マルクスからモリス、バックスを経由した共同体社会主義である。この場合、資本主義から共同体社会主義への移行過程における国家論、国家とはなにかという「国家」について論じられていないことにいささか課題を残す。

また、共同体については内山節氏の『共同体の基礎理論』（農山漁村文化協会２０１０年）がある。日本社会の共同体を歴史的に分析し、近代までを展開した優れた共同体理論である。自然と信仰とのかかわりにおいて共同体を把握した点では、モリスの共同体論に類似したものといえる。そのうえで、内山氏は近代以前の共同体を再現するのではなく、未来に向けた、つまり封建的共同体の残滓を超克する必要があるとしている。

さらに、「歴史的にもかつ現実に存在した封建時代の共同体」について紹介したい。高橋克彦著『東北・蝦夷の魂』（現代書館）からである。


阿弥陀仏の前では人はもちろん鳥も獣もすべての生き物が平等である。憎しみや差別もなく、むろん戦さもない。

しかし、こんな国家が本当に実現できるだろうか。

（中略）

常識的な歴史の流れで見るなら、清衡は決して国の支配者とはなれない立場にあった。偶然がいくつも重なり合って清衡を上へ上へと持ち上げた。民と自分に少しの違いもないという自覚が清衡にあったのだろう。それゆえに万人平等の意識が生まれた。自分はたまたまこの陸奥を預かっている身に過ぎないのだ、とも供養願文に記している。この清衡あればこその万人平等の地、平泉であると言える。

※　※

画期的だったのは、当時の日本で浄土思想は廃れていたにもかかわらず、清衡があえてそれを採用したことである。

浄土思想を簡単に説明すれば、極楽に阿弥陀様がいて、死ねばそこで安楽に暮らせるという教えだ。けれども、それでは現世の救いにはまったくならない。そのため一度廃れて、天上にある極楽のようなものを現世につくればよいという考えが生まれた。

実際にそういう世界をつくれるのは大権力者しかいない。だが、ピラミッド型の権力の構造がある世界では、万人平等の考え方は成立し得ないから、現世の極楽など理想論だと退けられた。

次に出てきたのが、極楽は自分の胸の内にあるという、禅宗に近い哲学的な考え方だ。浄土宗は中国でも日本でも捨てられていた。それを清衡が復活させたという点が重要だ。

清衡は平泉に都をつくり、陸奥を自分の国にしたが、自分は権力者だという意識を持っていなかった。だからこそ、素直に浄土宗を理想の姿として提示することができた。ほかの権力者では絶対に発想できない万人平等の思想をだ。

前にも述べた通り、平泉の世界文化遺産登録をユネスコが認めなかったのは、そういう国はあり得ないという理由だった。権力者がいながら万人平等を謳うなど言葉だけのことで、その実態を証明しなければ認めないと言ったのだ。

これは理想郷ともいえる歴史的に現存した共同体であると言えよう。先の「協同組合社会主義」も「共同体社会主義」も、いずれも現代を超克した未来形としてのポスト資本主義社会であると言える。ただ私の場合、近代以前の村落共同体は理解できるのだが、そして共同体の理論的把握が私の力量を超えているのでもあろうが、つまり共同体思想としては充分理解と共感を共にもちつつ、未来社会としての共同体がどうしても胸に描けないのである。現代があまりにも生産部面と生活部面（消費生活）とが農本主義時代と違って、空間的にも時間的にも大きくかけ離れ、地域社会も昼と夜、つまり子どもや高齢者と現役世代の違い、加えて日本国憲法第22条「何人も、公共の福祉に反しない限り、居住、移転、および職業選択の自由を有する。」であるからである。

したがって、私は開かれた共同体としての「共民社会」という新たな概念を共生社会・主義のもとに照応した社会形態として、近代資本主義的ブルジョア市民社会を超えるものと提唱しているのである。それが、国家社会主義から共生社会・主義への道筋の将来像である。

補論一　宗教と共同体について

本論考に即して宗教（信仰）と共同体の関係について論じれば、封建的村落共同体を超えた「共同体」についても、自然と宗教との一体化の関わりが示唆されており、未来形としての共同体も、その意味では少なくとも宗教との関係がどう位置づけられるかが大きな課題となる。それは、宗教なしには共同体は存在しえないことになるのかということである。

この場合にもまず問題になるのは、宗教を自然宗教と人格宗教とに分けて考察するということになろう。その前に、宗教に関するマルクス主義、マルクス学派の見解を概観しておく必要がある。マルクスが言うように「宗教はアヘンである」と結論づけてよいのであろうかということである。梅本克己が、アヘンでも人間の痛みや苦痛を緩和する以上は宗教もまた人間の悩みや苦痛を緩和する限りにおいては否定できないのではと疑問を呈したが、たとえそれがアヘンであろうと宗教であろうと、人間の痛みや苦しみ、苦悩を緩和ないしは解決できるのであればそれを全面的に否定・禁止することがはたして妥当であるといえるであろうか。マルクスのように、一方的に「宗教はアヘン」と断定することができるかということにもつながる。もっともマルクスの場合は、政教分離がまだ不完全なヘーゲルの「絶対精神」の法哲学との関係として読み取ることもできるのである。

ところで、宗教には自然宗教と人格宗教の二つがあるが、特に人格宗教についてはそこに哲学と思想があるから若干理解しやすい。キリスト教圏においてはすでに近代を迎えるに当たっては政教分離に成功しており、しかし一方、第三論考の中で「イスラム経済論と資本主義」で論じるように、イスラム教圏ではむしろ基本的に政教分離は原理としてはありえない。社会主義の立場からしてもせいぜい「緑と赤の革命」ということになろう。また宗教（キリスト教）と社会主義の関係では日本において『土着社会主義の水脈を求めて：労農派と宇野弘蔵』の中で、平山昇氏は、明治から大正を通してキリスト教徒が社会主義に貢献したことをいきいきと描き出している。いずれにしても、逆に、人格宗教は無神論の立場からも理解可能である。世界の人口七十億のうち無神論者はわずか四、五パーセントであることを考えればなおさらであろうか。それゆえ、宗教的文明論からみても、それは禁止できるものではなかろう。かなりやっかいな問題を含んでいる。

さて、「利己的遺伝子説」の動物行動学者リチャード・ドーキンスは、敬虔なる英国国教会の子として、ミッションスクールのオーンドル校に学び、一つの逸話として、こどもの頃母親に「なぜ、神様は一つでなくたくさんいるのか」と問い、母親は「宗教がたくさんあって、それぞれに神様がいるから」と答えた。神が一つではなくたくさんあるという事実に対して、彼は無神論者になるきっかけにもなったと、自伝『好奇心の赴くままに』（早川書房）に書いている。宗教の「神」の矛盾を論理的に理解した無神論者ともいえるのではなかろうか。さらに名著『神は妄想である』（早川書房）を執筆する。

また、「神が人間を創ったのではなく、人間が神を創ったのである」と、フォイエルバッハが『キリスト教の本質』のなかで人間主義的唯物論の立場から宗教批判を行っている。このように無神論者や唯物論者からは人格宗教が論理的に批判されているのである。それだけに、論理的に対処してもよいということにもつながるのではなかろうか。

ところが、自然宗教はそうはいかない。自然発生的、自然的であるから、論理的には理解できない。ということから、自然科学が高度に発達して自然界のかなりの部分が解明されたとしても、それまでの神秘的な自然現象に対する畏怖の念は完全に消え去ることはない。また、唯物論が自然界のすべてを解明できるというわけでもなく、まさに唯物論的認識論においてである。この地球上からすべての自然宗教が無くなるということでもない。いずれにせよ、自然宗教であろうと人格宗教であろうと、人類が存在する限りは、つまりは人間の存在のなかに宗教は生き続けるであろう。人間の存在に従って、宗教もまた存在し続けるからである。だからフォイエルバッハのように、マルクスのように、人格宗教までも全面的に否定ないしは禁止することはほぼ不可能に近いと思われる。疑問は残る。この地球上に本当の楽園が訪れない限り。

とはいえ、自然宗教を共同体要素と不可分とするにはやや現実論的にも無理がある。だからこそ、「共民社会」とするのである。そのもとで、人格宗教は共同体社会の可能性を持ち続けることができると推察される。

それでも唯一私にとって宗教が理解し得るとしたら、人格宗教は頭で、自然宗教は体でということになろう。自然の究極は人間にとって「死」であるからである。

補論二　「共生の遺伝子」説としての共生社会

ドーキンスの「利己的遺伝子説」、ハミルトンの「血縁淘汰説」、そして私の仮説としての「共生の遺伝子」説（拙著『共生社会論』現代書館２０１１年）。

ドーキンスは、生物の生存は種の保存ではなく、個体を乗物としたＤＮＡ（遺伝子）の生き残りの戦略と解く。そしてハミルトンは、さらに一見利他的とも見える行動を「血縁淘汰」によるものと解く。

動物行動学としては人間も動物であるから、「利己的遺伝子」「血縁淘汰」に支配されて行動する。しかし人間は動物であると同時に、その例外者でもある。つまり、私は、動物の例外者としての人間は「共生の遺伝子」によって支配された行動もとるとしている。しかもそれは、神の啓示や道徳律によってではなく、人類の進化の過程で「共生の遺伝子」を性質として獲得したものと考える。

ドーキンスの「利己的遺伝子説」では、例えば雄ライオンなどは子殺しをするのであるが、それは種の保存からでは説明がつかないとしている。種の保存なら子殺しをする必要がないからである。ではなぜ、子殺しをするのか。それは雌やこどもの群れ（パイロット）を新たに獲得した雄は、子育て中の雌が交尾をしないため子を殺し、雌に発情させて、自分の子（子孫）を産ませるのである。個体の子孫を残すために、DNA（利己的遺伝子）が自ら生き延びるために戦略としてこうした行動を個体にとらせる。インドに住むベンガル虎の場合も、子の死亡の半分は雄に殺されるという調査結果もある。

しかし、「利己的遺伝子説」だけでは説明がつかないこともある。ミツバチの働き蜂は女王蜂のために、スズメバチと戦って死ぬ。「利己的遺伝子説」なら逃げるはずである。女王蜂のために戦って死ぬことはありえない。この一見利他的ともいえる行動を、ハミルトンは「血縁淘汰説」によって説明した。親子、兄弟などの血縁がそのような行動をとらせるのである。

人間も動物である。動物は「利己的遺伝子」「血縁淘汰」説によってのみ支配され行動するが、人間は同時に動物の例外者でもあるので「共生の遺伝子」に基づいても行動する。

私たちの祖先は森の木の上で生活していた。しかし祖先は、安全な木の上から地面に降りる。さらに森から、肉食獣がいる危険なサバンナに出ていく。なぜこうした行動をとったかは進化論でも説明できない。人間は哺乳類の中でも体が大きく、目立ち、牙も角もない。足も遅い。私たちの祖先が危険なサバンナで生き延びて絶滅しなかったのは、不思議といえる。それは何よりも、祖先が助け合い仲間同士で共に生きたからである。動物は基本的に単独で生存できるが、人間は単独では生存できなかった。

この進化の過程で、子殺しもしない新化によって、人間は「共生の遺伝子」を性質として獲得したのだと、私は唯物論的進化論からそれを解く。

そこで問題は、「利己的遺伝子」あるいは「共生の遺伝子」のどちらが出現しやすいかである。それはまさしく環境によって左右される。「社会-内-存在」としての人間は、社会環境によってそれが決定される。

共生社会・主義の「共生」は、昨今はやりの「共生」「共に生きる」を意味しない。進化論という歴史的、客観的進化の過程における「共生」なのである。「共生の遺伝子」説である。道徳律や倫理学ではない。いやむしろ、唯物論的進化論に基づいた、それを土台とした道徳律、倫理学であるといえる。同時に忘れてはならないのは、七十年代からの障害者解放運動も一貫して「地域で共に生きる」という思想と運動があって、そこでは「共に生きる」「共に学ぶ」が基本理念となっていた、その限りにおいては「共に」である。「共生」なのである。そのことは、脱病院、脱学校、脱施設の思想で有名な文明評論家のイワン・イリーチもまた、一九七三年にすでに「共生（convivial）」という基本概念を示していた。

そして脳科学でも、幸福学についてはは幸せホルモンとしてセロトニンやオキシトシンが脳内伝達物質として検出され、そのホルモンが脳内に分泌されるのは「人とつながる」「親切にする」「集中する」、そして「他人のためになる」時であり、こうした社会環境の状態にある時に人は満足と安心と幸福に満ちる。それを、脳科学は立証した。換言すれば、「共生の遺伝子」説なのである。

ストレスホルモンのアドレナリンやエンドロフィンの支配と、競争と闘争と欲望の奴隷社会には幸福はない。人は何のために生きるのか。幸せになりたいからである。

参考文献　『「幸せをお金で買う」5つの授業』エリザベス・ダン、マイケル・ノートン著（中経出版）。『瞑想する脳科学』永沢哲著（講談社）。

「共生の遺伝子」の仮説から説へ

『神は妄想である』の中で、ドーキンスは、道徳と宗教とは直接関係はなくダーウィン主義の自然淘汰において道徳を説明し、利他的行動もそのように見ている。私も実は、人類が進化の過程で「共生の遺伝子」を性質として獲得し、むしろ道徳律や宗教、政治的スローガン以前にそれを獲得したと仮説を立てたのである。素人ながらに私のこの仮説はおおむねドーキンスの理論とほぼ同じであり、「仮説」から「説」になりうると確信した。拙著『共生社会論――障がい者が解く「共生の遺伝子」説――』がそれであり、その出版後に私は『神は妄想である』を読むことになるのだが、その関係から本書を執筆するこの機会に改めてそれを検証してみたい。ただドーキンスは、ダーウィン主義の自然淘汰における動物行動学の視点から道徳と利他的行動を理論的に説明している。私の場合は、「社会的存在が人間の意識を規定する」という観点から社会的環境論の重要性、つまり利己的遺伝子かあるいは共生の遺伝子のいずれの遺伝子がそれによって出現しやすいかを決定づけ、社会環境、経済構造、および価値論にその規定の根拠を求めているのである。自然科学から社会科学への転換に他ならない。

つまり、それは私の「共生の遺伝子説」において一層明らかになるのだが、利己的遺伝子に支配されることに対するドーキンスの「利己的遺伝子説」に向けられた唯物論者からの批判も、その曲解とともに「利己的遺伝子説」と同様にその決定論においてもなんら敵対・矛盾するものではないということである。あわせてドーキンスを擁護すれば、ダーウィン主義の自然淘汰に基づいた「利己的遺伝子説」が、利他的行動をもとらせる進化の過程を遺伝子伝達と文化伝達、遺伝子とミームの関係にまで高めたことに評価を与えてよいであろう。

それでは『神は妄想である』に従って、ドーキンスのダーウィン主義の自然淘汰とその進化における「利己的」から「利他的」への理論展開を検証してみたい。

「ダーウィン主義の論理によれば、自然淘汰の篩の目をくぐって生きのび伝えられる、生命の階層秩序における特定の単位が利己的な傾向をもっていることになる。世界のなかで生き残る単位とは、この階層秩序のなかで、自分と同じレベルにいるライヴァルを犠牲にして生きのびることに成功したものである。厳密にはそれこそが、この文脈で利己的という言葉が意味するものである。問題は、その作用の舞台となるレベルはどこか、ということだ。力点を正しく、後ろのほうの単語（遺伝子）に置いた、利己的な遺伝子という考えの趣旨は、自然淘汰の単位（つまり利己主義の単位）は利己的な個体ではなく、利己的な集団でも、利己的な種でも、あるいは利己的な生態系でもなく、利己的な遺伝子だということにある。情報という形で、多数の世代にわたって生き残るか、残らないかというのは遺伝子なのである。」

と、ドーキンスは利己的遺伝子の存在様式をこのように説明し、個体は利己的遺伝子の乗り物で、生きのびるための戦略にすぎないとしている。しかし同時に、「一見したところ、進化は自然淘汰によって推進されるというダーウィン主義の考え方は、私たちがもっている善良さ、あるいは道徳心・礼節・共感・憐れみといった感情を説明するのには適していないように思える。空腹感・恐怖・性欲についてなら、自然淘汰でたやすく説明できる。すべて、私たちの遺伝子の生き残りないし存続に直接貢献するからである。しかし、泣いている孤児、孤独に絶望した年老いた寡婦、あるいは苦痛にすすり泣く動物を見たときに私たちが感じる、胸が痛むような思いやりの気持ちについてはどうだろうか?」

と、ドーキンスは問う。更に続けて、「善良さは、『利己的な遺伝子』説とは両立しえないのではないのか?」、そしてその後ですぐ「いや違う、これはこの理論についてよく見られる誤解」と答えている。

人類は血縁の小さな集団ごとに群れをつくり、その意味ではハミルトンの血縁淘汰説に立って、そしてその後集団と集団の関係が利他的な行動をも生みだして進化してきたと、ドーキンスは理論づけるのである。それは次のように説明できる。

「ふつう、この遺伝子の利己主義は個体の行動における利己主義を生みだす。しかし、いずれ述べるように、遺伝子が個体レベルにある限られた形の利他主義を助長することによって、もっともよく自分自身の利己的な目標を達成できるような特別な状況も存在するのである。」(『利己的な遺伝子』書評ピーター・メダワー卿「公共の利益のために」)

そして「ダーウィン主義にもとづくまっとうな理由が四つできたことになる。第一に、遺伝的な血縁という特別な場合がある。第二に、互恵性、すなわち与えられた恩恵へのお返しと、お返しを『予測した』上で恩恵を与えることがある。これから派生する第三のもの、すなわち気前よく親切であるという評判を獲得することのダーウィン主義的な利益がある。そして第四に、もしザハヴィが正しければ、誤魔化しようなく認証される広告効果を得る手段としてのこれ見よがしな気前よさにより得られる、特別な付加的利益がある。

先史時代のほとんどを通じて、人類は四種類の利他行動すべての進化を強く助長したと思われる条件のもとで暮らしていた。（中略）私たちの群れのメンバーのほとんどは血縁者で、他の群れのメンバーに比べてより近縁であっただろう――血縁淘汰が進化する機会はたっぷりあった。そして、血縁であろうとなかろうと、私たちは一生を通じて、同じ人間に何度も繰り返し出会うことになっただろう――互恵的利他主義の進化にとって理想的な条件である。」

として、功利主義に向かう遺伝的傾向が初期人類において推進されたとみている。

このように、ドーキンスは、ダーウィン主義に基づく人類の進化、利己的から利他的への進化が理論的になんら矛盾するものでないことを明らかにした。それが私の「利己的遺伝子説」、「血縁淘汰説」、「共生の遺伝子説」の進化の過程なのである。

第三論考　社会的排除と「資本の論理」

個人的能力差を包摂・共有化した共生社会・主義への展望

はじめに

本論考は、「資本主義を超える」をテーマに未来社会をどう構想するかについての学習会（榎原均著「『資本論』の核心」世界書院)、その際のレジュメをまとめたものである。

その具体的な論点の一つとしては、従来型の階級闘争史観一辺倒の政治闘争に代わる「社会連帯経済」が提唱されている。これを私の問題意識からひも解くと、社会的に排除された人の労働を通したソーシャルインクルージョン(社会的包摂)をその理念と目的におき、地域社会から起きている社会的企業や労働者協同組合の実践ということになろう。その重要性は、国家社会主義を意味しない。私は「汚れちまった社会主義」とつぶやき、それに代わる拙い理論であるが「共生社会・主義」であり、そのための共生社会・主義社会、つまり「共民社会」を実践的にも展望するところである。

その観点から本論考では、社会的に排除された象徴的存在としての障害者、特にその障害者の労働に焦点を合わせて理論的に展開してみたい。

1　社会的排除と労働哲学

グローバル経済は、就労そのものから疎外された社会的排除にあう人々を生みだした。その象徴として障害者をとりあげて「資本の論理」を批判し労働哲学を通して、ポスト資本主義の経済社会の展望を模索してみたい。

障害に関わる本質的な概念として、自然概念と社会概念がある。自然概念とは、目が見えない、耳が聴こえない、歩けない、判断しにくいは、「自然界における動物としての身体的行動能力や、知的、精神的判断能力の制約」であって、自然的生物学的実態にすぎない。だからここには社会的価値はなんら発生しない。それが自然概念である。

ところが、人間は動物と違って「社会–内–存在」であるから、社会的動物、社会的存在であるからその自然概念に対して社会的価値が付加される。自然概念に対して社会概念が「障害」を成立させる。障害は社会概念であって、自然概念ではない。

では、社会概念とは何か。一言で言って、社会的価値のことである。換言すれば、社会が「人」を障害化する、と。この場合の「人」とはすべての人を意味する。なぜなら、障害ある人もない人も同一の社会的価値の中に包含されているからである。その社会的価値が障害者の存在を規定する。障害者の存在論の価値を変容するためには社会的「価値と関係」を変容させることであって、それができれば障害者の存在論の価値も変容できる。

その社会的価値も、基本的には経済的価値と関係に規定される。上部構造は下部構造の土台の上に照応する。といってももちろん、機械的決定論にすべてを委ねているわけではない。上部構造が下部構造をも規定するからである。

マルクスの『経済学哲学草稿』について述べると、『草稿』では労働疎外、人間疎外、自然からの疎外が明解に展開されている。労働者が生産した生産物が労働者から離れて資本家の所有物になる。これが資本主義的生産様式における労働の疎外論である。すべての生産物が、労働者の労働の結果産まれた生産物が、労働者のものであるにもかかわらず資本家の所有物に転化する。この労働疎外は、生産システムの下で労働者への支配と管理を強め、労働者を人間としてではなく一つの歯車にしてしまう。さらにその労働疎外は人間疎外を生みだし、人間と自然との関係においても同様の疎外を生みだす。こうして個としての人間は類からも疎外され、バラバラな個人にさせられる。それが資本主義的生産様式がもつ人間把握の原理である。

人間の命と暮らしを支える生産労働が資本主義の下では人間疎外を生みだす。そのような生産様式をもつ社会が、人間が人間として営む一切の意識と行為を基本的に決定づけるといってよい。

ところで話を戻すと、障害者はその疎外された労働からもさらに疎外され、排除されている。その構造は、新自由主義のもとで障害者と同様の存在、ひきこもりやニート、ホームレスの人、依存症者、刑余者、片親世帯などの生きにくい・働きにくい、社会的にハンディをもった階層を格差と排除の下に追いやる。社会的に排除された階層の創出・増大は、とどのつまり労働者階級の二極化をも意味する。マルクスが生きていた時代のように、資本家と労働者という二大階級の対立といった単純な図式にはない。勝ち組と負け組といった具合である。先進国で起きている事態はグローバル経済の下で、先進国と途上国の間での労働者、しかも途上国の労働者の低賃金が先進国の労働者を苦しめてもいる。このことが一層格差と排除と貧困を深刻なものにしている。それは、先進国の資本の成長率の低下傾向を生みだしている。また、それはグローバルな市場原理主義に基づくモンスター金融資本群と実態経済・実物経済との間の関係に基本矛盾が生みだされているともいえるのである。モンスター金融資本が実態経済を収奪する。そしてその金融がいったん沸騰点に達すると、金融恐慌を誘発させる。お金をお金で買う「貨幣の商品化」の時代なのである。これが貨幣の物神崇拝（フェティシズム）である。

こうした全体状況の下で、だからこそ、排除にあう人々、障害と労働と資本の論理との関係を、ポスト資本主義を展望しながら原理的に考察してみたい。

2　商品経済と労働力商品化

重商主義以降に近代資本主義は成立した。特にイギリスに始まった産業革命は大規模、かつ工場生産の資本制社会を到来させた。

歴史的には原始共同体の間で物々交換が行われ、余剰となった使用価値としての生産物を共同体相互で交換した。その交換はそれぞれの共同体内部にも浸透していった。その後に市場が形成されていくのだが、基本的には余剰生産物の交換であって商品を目的にした本格的な生産ではなかった。

近代資本主義以降は、より本格的かつ大規模に工場で生産される生産物は生産者である労働者が直接消費するものではなく、第三者（消費者）のために生産することを目的にした生産物、すなわち商品経済なのである。資本主義は商品生産を目的にした経済のことであり、同時に、資本家所有の生産手段と労働者所有の労働力とを、したがって分離している双方を結合させることによって生産物である商品を生産するのである。商品を生産する過程においては、労働者は賃金と引き換えに労働力を提供し、すなわちこれもまた労働力商品となるのである。

しかしこの商品は、他の一般的な商品が工場で生産されるのとは異なり、労働力商品という特殊な商品は工場の中で消費される。労働力は工場の外で再生産され、その労働力の価値は次世代の労働者である子どもの育成を含めた生活費全般に匹敵する賃金として量られる。

現代においては特に、労働力の売買すなわち雇用契約は民法下の労働法規によって定められている。労働法制に則って、正当かつ合法的に処理される。労働力商品は民法下の労働法規の契約として定められ、正当性を担保し、かつ対等性を維持している。労働力商品化は合法かつ合理的であって、したがって労働者は労働力を売っているとは認識しにくく、しかも後に述べるように搾取（実質の不等価交換）は覆い隠されたままとなる。

3　生産手段の所有論

生産手段の所有論こそがきわめて重要である。生産手段を実質誰が、どのような形態で所有しているか、または占有しているかにおいては、それによってその当該社会のあり様のすべてが決定されるといっても過言ではない。生産する労働者の生産物がどこに帰属し所有物となるのか、それは生産物の直接的かつ法的所有者を決定するものとなる。そのことは労働疎外、人間疎外、自然関係からの疎外を生みだすか否かの結果にも深く関わってくる。生産手段の所有者が所有者自身を疎外することはないからである。それゆえ、生産手段の実質所有、その形態がいたって重要なこととなる。

生産手段の所有論に関しては、資本主義的私的所有と、社会主義的国家所有と、共生社会・主義としての共有論の三部門がある。

第一の資本主義的私的所有は労働疎外を生みだすのはいうまでもないが、利潤追及を目的にした資本主義的生産は剰余労働、剰余価値を生産手段の私的所有を通して利潤をもって資本に転化し、商品生産を目的にした経済社会は人間を貨幣と欲望の奴隷におとしめる。労働者は生産システムに直接支配され管理されて、常に失業の不安におびえさせられ、あるいは搾取の対象にすらならない重度の障害者は二級市民とみなされることになる。

第二の社会主義的国家所有は、労働者人民の疑似国家として共産党官僚、テクノクラートという新たな支配階級によるヒエラルキーを形成し、労働者人民への支配と管理を強めることとなる。特権階級は新たな支配者に君臨する。労働者人民は資本家に代わる国有企業の経営者に従属させられ、統制経済とノルマの下に管理される。国有企業の経営者への不満、共産党への批判は、労働者人民への背信と見なされ、個人的自由は厳しく制限される。それが社会主義的所有論の限界性である。いったん成立した国家権力はそれ自体が自己目的化されるのである。

次に、第三の共生社会・主義としての共有論では私的所有でも国家所有でもない生産手段の共有的所有論である。そこでは、生産手段も労働も生産物も自主管理、共有管理され、生産する労働者の人間関係も縦型から横型の水平的関係となって、民主的運営が担保される。労働は労働者のものとして、共有した生産手段のもとに労働力商品は廃絶され、重度の障害者もすべての共有的所有者の一人となって労働に参画することができる。

4　個人的労働と共働

個人的労働とは、健常者の平均的労働能力のことである。平均的といっても、それはいわば最低賃金以上に見合った労働能力のことである。賃金が、労働力再生産のための生活維持等の消費諸経費の価格であるとともに、経済的価値法則にも規定される価格であるから、それに見合わない、つまりは剰余価値も生みだせない労働力、搾取の対象にすらならない労働力の所有者である重度の障害者は、当然のこととして賃金労働者にはなり得ない。一般労働市場から排除される。個人を単位とした個人的労働は資本主義的生産過程ではもちろん、社会主義的生産過程においても無用の産物となる。

ある障害者が何度面接を受けても落とされる。「あなたみたいな人はどこの会社も雇わない」と言われたケースはどうか。その責任はどこにあるのか、誰にあるのか。面接をした会社役員か、それとも面接を受けた障害者本人に問題があるのか。

いかにやさしい良心的な人間であろうとも、資本家（経営者）は利潤追求を目的にした資本の論理の人格化にすぎないのであるから、彼にそうさせたのも彼自身の人間性の問題ではないと言える。それは、資本の物象の人格化であり、人格の物象化なのである。商品生産を目的にした労働にあっては、商品の生産に対する健常者の平均的労働能力が前提条件となる。個人的労働が問題なのだ。ところが、それは社会主義でも同様に、個人的労働が個人を単位とする限り問題となるのである。

ソ連では盲人工場やろうあ者のための工場があったというが、その他の多くの障害者が労働力に動員されたとは聞いていない。搾取があろうとなかろうと、搾取からの解放がなされようとなされまいと、結局、個人的労働を個人の単位にするかぎりは同じ程度の結果しか招かない。

そこで一方、私が代表を務める共同連では、「共働事業所」「社会的事業所」づくりの運動を進めてきた。障害ある人ない人、社会的に排除された人そうでない人が、共に働き・共に生きる集団的経済自立の運動である。

能力の差はともかく自分らしく共に働き、純益は対等平等に人頭割する働き方、それが「共働」なのである。反能力主義の働き方、個人的労働も健常者の平均的労働能力を前提にしない労働、共働なのである。だから賃金とは違った「分配金制度」としている。「同一労働、同一賃金」でもない、「同一労働時間、同一賃金（分配金）」なのである。こうして、重度の障害者も社会的に排除された人も、労働者となることができる。それが、資本主義でも社会主義でもない第三の共生社会・主義の労働哲学の世界である。

5　社会連帯経済と社会的企業

共働を実践している社会的企業としてのＷＩＳＥ（労働統合型の社会的企業）とは、社会連帯経済における実態経済の一つである。その実態経済には共済組合、財団、協同組合、そして社会的企業などがある。そこでまず、社会連帯経済の歴史と今日的意義について検討を加えてみたい。

アダム・スミス以来のマルサス、リカードの古典派経済学の下で、その自由経済は、必然的に失業と貧困を多く生みだした。それはやむを得ないこととして、マルサスにいたってはイギリスの救貧法に反対し、市場を通じた生存競争の結果弱者が貧困や死に至ってもむしろ人類の進歩のためにはそれも是とする主張でもあった。このように当時の自由経済は陰鬱な経済学ともいわれた。

空想的社会主義者といわれた思想家たちは、特にロバート・オーエンによって１８４０年代にイギリスにおいて失業や貧困に苦しむ人たちのために労働者協同組合の活動を起こし、その勃興期を迎え、フランスのサンシモン、フーリエなどに影響を与えて大陸にも広がった。これが社会的経済のルーツである。

一方、重田園江著『連帯の哲学Ⅰ　フランス社会連帯主義』（勁草書房）によると、フランス革命の「自由、平等、友愛」の友愛を、博愛、連帯と発展させ、その思想家の一人でもあるフランスの社会学者エミール・デュルケムは『社会分業論』の中で「連帯」思想を定式化した。連帯経済の連帯思想のルーツである。これらがマルクス・エンゲルスとは違った空想的社会主義者といわれた19世紀の社会運動であった。

ドイツのビスマルクは時代の要請を受け、初めて社会保険制度を創設し、しかしその一方では「社会主義者弾圧法」も制定した。飴と鞭の政策を推し進めた。こうした社会保険制度の流れもワイマール憲法の「生存権保障」を制定させ、「ゆりかごから墓場まで」で有名なビバリッジ報告がイギリスで1942年に出されて福祉国家論が本格的に提唱された。

19世紀の自由経済も、20世紀に入って二度の世界大戦を経験したものの、生産力を飛躍的に発展させて、先進国では大量生産・大量消費による中産階級を大量に生みだした。しかしそれは、第三世界、途上国からの資源などの安価な収奪によるものでもあり、経済の不均等発展の南北問題を招いた。

しかし、今日の世界経済の混沌とした状況を見ると、その始まりはすでに70年代前半にあったと言える。71年の金とドルの交換を停止したニクソンショック、スミソニアン体制による固定相場制から変動相場制への移行、そしてOPECによるオイルショック、当時1バレル2、3ドルの原油が今では100ドルになるまでの高値になっている。資源ナショナリズムによって安価な原油も高値が進み、それまで一定の水準の経済成長率を維持してきた先進諸国も、今や利潤率低下に苦しんでいる。また、80年代初頭には金融先物取引の成立などによってバブルと金融不安を誘発させる事態に追い込まれ、各国とも財政赤字と経済危機に見舞われるようになった。

21世紀に入ってからの深刻な経済危機も、1%対99%という社会的格差も、実はケインズ政策から新自由主義およびマネタリズムの政策に転換した80年代のサッチャーリズムやレイガノミクスに原因し、特に90年代半ば以降に始まる金融ビッグバンと、グローバル金融資本主義が本格化することとなった。まさにモンスター金融資本の幕開けの時代である。そして今日のこうした時代状況について、水野和夫氏は、『資本主義の終焉と歴史の危機』（集英社新書）の中で、シュミットの『陸と海』の空間革命から、現代の金融資本主義を「電子金融空間」として資本増殖の限界と資本主義の終焉を説いている。

このように90年代に入ってからのグローバル新自由主義経済が拡大する中、社会的格差と排除が顕著になってきた。こうした経済社会の情況に呼応するかのようにして、再び社会的経済、連帯経済が復権してきて近年「社会連帯経済」となった。それは同時に、ソ連・東欧の社会主義の崩壊ということとも大きく影響していると言えよう。

その社会連帯経済も歴史的にみれば、その可能性は大きな意義をもつものであるが、その経済学には若干の弱点も見受けられる。新自由主義のグローバル経済に対峙し、ナチスドイツのファシズムやソ連の全体主義に対抗するものの、経済学的分析がいささかおろそかになっているように見うけられる。さらには国家論をどう見ているかなど課題はいくつか残されている。

にもかかわらず、社会連帯経済の思想と運動はその実態経済としての実践運動および社会的企業などには大きな期待が寄せられている。ソ連社会主義体制の反省を真摯に受けとめるなら、階級闘争史観一辺倒の政治闘争ではなく、また当該社会の資本主義内部から人間関係資源に基づいた経済を準備していくことは極めて肝要なことである。

6　イスラム経済論と資本主義経済

イスラム経済論にはその根底に共同体と不可分の思想が流れている。イスラム経済を非資本主義経済とみる向きもあるように、確かにそう言えなくはないであろう。しかもイスラム法体系の中に経済も組み込まれているのだが、同時に、無神論であるマルクス経済学に通底しているともいえるのである。

イスラムとはアッラーの神に「服従」するという意味で、その下ではムスリム（イスラム教徒）はイスラム共同体に包摂される。市場経済はウンマ（共同体）の中に埋め込まれ、三位一体のキリスト教とは異なり、唯一神アッラーとのタウヒード（一化）の概念と観念の下に体系づけられる。

イスラム教はアッラーの神の啓示としてのコーラン、預言者ムハンマドのハディース、イスラム法のシャリーアという法体系になっており、その体系の下に政治、軍事、司法、経済、教育およびその他生活全般にいたるまで包含されている。だから換言すれば、それだけに宗教以上のものであるともいえる。そこがキリスト教との大きな違いである。

こうしたイスラム法体系の中から経済だけを取り出して、かつ、無神論であるマルクス経済学の立場から分析すると、特に注目すべきはバキールデュ・サドルの『イスラーム経済論』がある。「労働は労働する労働者のもの」として「労働の商品性を禁止」している。また経済的所有論においてもその経済活動を、政府部門、共同部門、民間部門の三つに分けている。

１９７９年に始まったホメイニのイラン革命では、サドルのイスラーム経済論がイラン・イスラム共和国憲法の財政経済の基礎になった。憲法第四十四条「イラン・イスラム共和国経済は、公的部門、私的部門および共同部門の各部門を基礎に置く」となっている。イラン・イスラム共和国経済システムは国家、共同組織、民間企業の三部門の経済活動なのである。

そして、近代資本主義経済が資本の論理の人格化としてのブルジョアジー個人の利己的欲望を具現化したのに対して、アッラーの神から出発したムスリム共同体の公共の利益は集団的に共有するところにある。資本主義が生産手段の私的所有の経済概念であるのに対して、神から出発したイスラム経済論は資本も労働も含め生産手段のすべては神の所有の下にある概念とされる。なぜなら、イスラムでは人間を含めたこの世の全てが神の秘蔵物であるからである。

最近にわかに注目を集めているイスラム経済論の核心の一つであるイスラム金融では、無利子銀行にみられるように、リバー（利子）を禁止している。利子と利潤を禁止しているのである。ポスト資本主義を考える時、そしてまた資本主義下においても、私たちはイスラム経済論から学ぶべきところが大である。

参考文献　ディリッピ・ヒロ著『イスラム原理主義』（三一書房）。バキールデュ・サドル著『イスラーム経済論』（未知谷出版社）。『緑の資本論』中沢新一著（ちくま学芸文庫）。『イスラム経済論』加藤博（書籍工房早山）。

7　個人的能力差を包摂・共有化した平等論

現代は能力身分制市民社会である。封建的身分制に代わって、近・現代は能力身分制の市民社会となった。だからそれを廃絶することによって、個人的能力差を包摂・共有化した平等の共生社会・主義への道を展望することができるのである。人間は生まれながらに平等であると言われるが、はたしてそうか。私とトヨタの社長は平等か。立場によって、平等は不平等に、不平等は平等に転化する。

そこで、歴史的平等論について考察してみたい。ギリシャのアテネやスパルタなどのポリスでは、成人男性の家長が市民として自由人であり、平等であった。それ以外の者は平等の概念の外に置かれた。それが当然であるから、市民としての自由人には不平等感は存在しない。それを不平等と考えるのは私たち現代人ではなかろうか。歴史を転倒して見てはならない。

奴隷や被征服民、女性は、市民としての自由人の外に、平等の観念の外に追いやられた。ローマ帝国もおおむねそのような状況で、やはり女性は平等の外に置かれた。日本でもかつては、選挙権は基本的に納税者の男性という時代もあり、戦前までは女性に選挙権はなかった。

平等とは、その対象から除外した集団を前提に成り立っている。誰を対象に加えるかで平等、不平等の論争が存在するのはいうまでもない。また、平等には質的内実の要素も問題になる。内容の何を基準に、標準に平等とするのかである。

近代以降の平等の系譜を概観すると、リバタリアンの基礎ともなったホッブスやロックにおいては、自然法の下で人間個人は自由かつ平等で、万人による万人の闘争は正当化され、結果の不平等は自然的状態では当然平等ということになる。その場合には封建的身分制は否定され、完全な自由人として市民権を獲得する。今日の機会の平等も、その機会はすべての人間に開かれており、そののちは全くの自由競争となる。法律と道徳にふれない限り非難されることはない。

しかしこの機会の平等にも実際には不平等な状態が実態として存在し、機会にもたどり着けないか、またはその後においても対等な競争にも至らない負の条件があるのも現実である。昨今、社会問題にもなっている貧困の連鎖や、東大生の半分が親の年収１０００万円以上といった具合である。だがしかし、その機会の平等にも唯一積極的な評価、肯定すべきところがあるとすれば、それは封建的身分制の残滓を否定して「個人」の「能力」を基準においていることである。この場合の能力主義は歴史的に高く評価できる。

ところで、本論で問題にしているのはその「個人」の「能力」、すなわち能力主義である。私は「個人的能力差を包摂・共有化した平等論」、すなわち反能力主義の立場をとっているのであるが、仮にも「個人」の「能力差」を価値評価の基本対象として肯定する場合でさえも、少なくとも能力主義には次のことが指摘できる。

今日の金融資本主義もそうであるが、たとえば資産７兆円を越えるビルゲイツはどうか。どんなに頭がよく頑強な肉体をもっていても、たとえ能力がスーパーマン的に優れていても、たった一人で単身で資産７兆円も稼ぎだせるだろうか。それには個人の能力による多数の能力の収奪、搾取が存在している。能力主義とは能力の搾取のことであり、それを可能にするシステムなのである。能力主義とは「個人」の「能力」というよりは、他人の能力を収奪するシステム、まさに能力主義的システムそのものである。「個人」の「能力」幻想から、私たちは目を覚まさなければならないであろう。

参考文献　『平等の哲学』竹内章郎著（大月書店）

8　等価および不等価交換論

労働力と生産物と交換価値、使用価値と価値の関係に関する問題を次に論じてみたい。特に等価および不等価交換論についてである。

資本主義的生産様式においては労働力が商品化されることにより剰余労働、剰余価値が発生し、利潤をもって資本に転化する。しかしこの場合の生産過程においては、生産物を生産する労働者には搾取は経験的にも実感的にも直接理解されない。なぜならそれは、形式的等価交換の中に覆い隠されているからである。労働者は決められた時間の中で生産労働をし、その対価として予め賃金が決められて、それはあたかも対等な契約として等しく、労働と賃金が交換されるように納得する。これが形式的等価交換であり、実質の不等価交換を見えなくする。

剰余労働による剰余価値の発生は時間労働の中に賃金以上の労働を提供し、その生産物は賃金以上の商品生産として実現される。資本と労働、生産手段の私的所有と労働力の関係は、こうして実質的不等価交換を形式的等価交換の内に隠ぺいする。労働者は一日8時間働いて、8時間分の賃金を受け取る。これはいうまでもなく、民法下の労働法規に基づいた正当かつ合法的な「契約」が成せるところである。資本主義は形式的等価交換、一般等価物としての貨幣を媒介にした商品の等価交換の世界を形成する。資本主義の商品経済は実質的不等価交換に基づく形式的等価交換の「価値法則」を成立させる。その「価値法則」はすべての商品の交換価値を決定支配する。それは同時に合理的基本矛盾を内包しているともいえるのである。ただしこの場合、自然法則は変えることができないから、人間はそれをせいぜい利用するだけである。しかし一方これに対して、恣意的には変えられないものの、経済の「価値法則」は変えることができる。廃絶することができるのである。

社会主義は実質的等価交換に基づく経済である。そこには形式的不等価交換は存在しない。労働力の搾取はなくなるからである。ただし、この場合においても能力主義は実質的にも純化され、担保される。そうなるはずであった。だから健常者の平均的労働能力に及ばない障害者は、社会主義の下でも労働者にはなりえない。

これに対して共産主義は、形式的および実質的不等価交換の人間的世界を形成する。労働能力以上の、労働能力以下の、社会的分配を受け取るからである。しかしこの場合にもはたして、個人的能力差を包摂・共有化した平等論が原理となるかどうかが問題である。

以上のように、このような発展段階を想定したのでは、またそのために生産力主義に陥ったのでは「価値と関係」の変容による共生社会・主義の社会はいつまでたっても訪れない可能性が高い。ゆえに、目的は個人的能力差の包摂・共有化した平等社会を実践的に具現化することに他ならないのである。

9　労働力商品の「使用価値と価値」を越えて

障害者の労働問題を通じて、労働力商品という特殊な「商品」の使用価値と価値について論じてみたい。労働にあって使用価値は職業選択の自由、価値にあっては時間労働となる。

まず、使用価値としての職業選択の自由についていえば、日本国憲法第二十二条でも、全ての人に職業選択の自由の権利を保障している。この形式的な権利は、たとえば視覚障害者にも認められているが、その実態は視覚障害者の職業はほとんどハリ・灸・マッサージ業で、それ以外の職業は例外にしかすぎない。多種多様な生産物としての商品を生産する労働は、もちろん「リンネル」と「上着」を生産する労働の使用価値に限られるものではないが、それは多種多様な個別商品を生産する使用価値としての有用労働なのである。

たとえば設計図作成の使用価値としての労働は盲人には皆無である。このように使用価値としての労働、職業選択の自由の労働は、障害の種別・程度別によってかなり制約される。実はこのことは障害者に限られたことではなく、健常者の使用価値としての労働もそれなりに価値評価される。使用価値としての有用労働は一般的に社会的評価が与えられ、労働者の間にも格差と差別を生みだすこととなる。それは同時に、人間への社会的評価につながる。肉体労働と知的労働、トイレの清掃や皿洗いとデスクワーク……。

そしてまた、価値としての時間労働についていえば、これもまた障害の種別・程度別によって同様にかなり制約される。障害者のそれは、健常者の平均的労働能力が一時間あたりに投下される抽象的人間労働に比べて圧倒的に低い。要するに、障害者は労働者たりえないのである。

このことを無批判的に前提とする限り、たとえ社会主義者であろうとまたは福祉国家論者であろうと、結局のところ労働者たりえない障害者を福祉政策の対象にしてしまうのである。資本主義経済を科学として客観的に分析した『資本論』においても、マルクス主義者は資本の論理と労働力の関係を残滓としてそのまま引きずってしまってはこのようなことに陥る。根本原因はどこにあるのか。とどのつまり、抽象的人間労働の「人間」とは「健常者」のことである。

『資本論』はその意味において健常者の経済学とも言える。なぜなら、資本主義の労働力「商品」経済が健常者の経済であるからである。それを、私は『資本論』の商品論から読み取る。19世紀の『資本論』の解釈のままで社会主義を論じても、障害者の労働問題は解決しない。今日の社会的排除にあう人々の労働問題も解決しない。しかし、『資本論』なくしては障害者の、社会的排除にあう人々の労働問題の根本解決には至らない。そのためには、資本主義でも国家社会主義でもない第三の道、共生社会・主義の経済システムが創出されなければならない。

商品論、とりわけ労働力商品の廃絶とその止揚に向かわなければならないのはそのためである。その可能性への理論的試金石は、労働価値説は前提にするものの、「労働の二重性」における資本主義的労働力商品の価値尺度の単位（抽象的人間労働）が、歴史的には特殊で個有な資本主義的商品市場経済の交換価値でしかないことを基本認識に持つことである。

といって、資本主義が必然的に自壊して社会主義に移行するといっているわけではない。ましてや、資本主義が未来永劫続くといっているのでもない。そのことを『ウィリアム・モリスのマルクス主義』から紹介したい。

「『センチメンタルな空想的社会主義者』として排除されたモリスですが、唯物史観のイデオロギー的仮説から自由になって、純粋資本主義の経済的運動法則を『資本論』から学んだ。そして、その科学の裏づけのもとに、自らの芸術的実践から生み出され、職人・クラフツマンの労働の喜びを伴う体感を、共同体社会主義のイデオロギーとして、主張しようとしたのです。」

なお、共生社会・主義社会にあっては、労働者の賃金としての必要労働に対する剰余労働、剰余価値は、労働力商品の止揚後の経済社会においては「社会的剰余労働」、「社会的剰余価値」という概念となり、社会的インフラ整備や設備投資、社会保障や教育費等のための、一定の経済成長に見込まれる利潤ではない「社会的剰余価値」が前提されることはいうまでもない。社会の維持と継続のためには当然のことである。

第四論考　ロバート・オーエンの「ニュー・ハーモニー村」の挫折と労働の評価

エンゲルスが『空想から科学へ』の中で空想的社会主義者と批判した一人に、ロバート・オーエンがいた。彼らが空想的ユートピア社会主義者といわれるのにはそれなりの理由がある。生産手段の所有関係とその形態、労働力商品の止揚を経ないまま、現実の資本主義国家の中にあってあたかもユートピア社会が実現できるかのように主張したからである。

『資本論』の科学から、つまりそれを止揚してはじめて、空想的ユートピア社会が実現できる。その意味では「科学から空想へ」ではなかろうか。というのも、『ウィリアム・モリスのマルクス主義』にあるように、マルクス、エンゲルス、レーニンという流れは結局必然的に国家社会主義になるので、それと別のマルクス、モリス、バックスの流れは科学から空想へのユートピア社会を到来させることになる。それゆえ、プロレタリア独裁の共産党指導による国家社会主義建設では、それは望むべくもない。

本論考ではオーエン、ポランニー、行動経済学、社会的事業所、そしてマルクスの『資本論』を通して、特に労働についての評価とその重要性に焦点をあてて考えてみたい。かなりの引用や要約文を掲載することをご了解いただきたい。

オーエンの「ニュー・ハーモニー村」の挫折

まず、オーエンの「ニュー・ハーモニー村」から検討を進める。

丸山武志著『オーエンのユートピアと共生社会』（ミネルヴァ書房）によると、理想郷としての「ニュー・ハーモニー村」は、１８２５年からオーエンらによって建設がすすめられたが、３年後の28年に挫折することとなった。

オーエンは１８２５年の2月と3月の2回にわたり、大統領をはじめ内閣各長官、最高裁判所判事および多数の国会議員を前に演説を行った。その中で、オーエンの性格形成と協同の原理を採用すれば、人々が個人主義社会に根付いている貧困、無知、悪徳、不幸な状態を取り除くことができ、いかに富裕、理知、美徳、幸福な状態をえることができるかを主張した。そしてオーエンは、自身の原理はすべての人と国に適用できるコスモポリタンな原理であるとし、それが普遍的であると確信を持っていた。

その原理に基づいて、最大多数の最大幸福をもたらすためには、第一に出生時からすべての子どもの肉体的、精神的諸力の適切な訓練と教育、第二にすべての個人に人間性に照らして必要で最も有益なすべての物質をいつも最善の方法で充分に供給できる機構、第三にすべての個人が社会から各人に最大の利益を与えられる一つの共同社会制度のもとで結合すること、これら三項目によって、共同社会制度としての共同村が形成されるとした。

村建設の準備が不十分な状態であるにもかかわらず、オーエンは、ニュー・ハーモニー村を4月23日に開村宣言する演説を行った。その中で、「社会の利己的な制度から、啓発された共同社会制度に変えるためであり、この社会制度は徐々にすべての利害をひとつにし、個人間のすべての争いの原因をとりのぞくであろう。」と述べた。

準備から開村宣言を経た後も、入村してくる人たちを選抜することはなかった。オーエンが不在の時期も多く、800人ほどの多数の人たちが一度に入村してきたので、家屋が不足し、村の生産活動においても監督者や熟練工、職人が不足して、その他あらゆる部門で生産が停滞していた。そして無差別に入村を認めたので、怠け者、オーエンの資産を詐取する不届きな輩などもおり、これが挫折のひとつの原因でもあった。

1826年1月26日には、平等の共同体のための「ニュー・ハーモニー平等共同体」の憲法草案作りに入った。2月5日に新憲法が制定され、平等の共同体が設立された。

憲法は、共同所有の原理に基づく平等の共同体への帰属をうながし、私有財産制度、個人主義、自由競争などを否定し、共同と人々の福祉を実現することを宣言している。ところがその直後からも多くの問題が整理できず、対立と分裂を引き起こした。

オーエンと行動を共にしたマクロアは、1826年5月17日、このような危機の中で個人の労働の質や能力の相違を考慮しないことに問題の原因があるとして、提案を行った。

「現行の制度は、各人の労働時間を記録する個人的記録を作り、それに応じて消費物品を引き出すことができるというものだが、各人の労働の質や能力を判断することがむずかしい。ある人の1時間労働のほうが他の人の4時間労働よりも多くのことを行う場合があるように、現行では不平等が生じている。（中略）各部門か職業は共同村に必要な生産量に応じて、各人の労働量を調整し、生産すべき総量を決めるべきである。」

この提案に対して、オーエンは前向きに受け入れた。その後のオーエンの労働評価をうかがうと、ウィリアム・モリス、E．B．バックスの共著『社会主義』（晶文社）によると、「1832年には、〈ロンドン中心部の〉グレイズ・イン通りに、労働と労働が等価で交換できる交換所を設立。」とある。この問題こそが、実は本論考においてもっとも重視すべき点である。

むろんニュー・ハーモニー平等共同体がわずか3年で挫折したすべての原因が、マクロアが提案した問題に収斂されるべきではないであろう。教育制度をめぐる問題、農業部門や製造機械部門、文学・科学教育部門と、その原因には多岐にわたるものがある。選別することなく希望者の入村を認めたこと、それを意味するのは、個人主義制度に慣れ親しんで共同社会制度になじまない人たちもいたということで、ともかく旧社会の人が新社会に一挙に入村してきたことによって、利己的行動をとる者もいた。そもそも個人主義に対して、社会主義が生まれたことを思えばしかりである。

といっても、いずれにせよ、人間に解放された労働とは、ポスト資本主義的労働とは、労働力から労働へ再び復権させるとはいかなることか、極めて困難で重大な問題である。

そのことを想定するならば、社会的存在の意識や価値観が変容していく過程は、一挙にはかなわず、何世代も経なければならず、それだけの時間を費やさなければならないであろう。

「ニュー・ハーモニー村」の挫折を逆にいえば、ジャムの実験で有名なシーナ・アイエンガー著『選択の科学』（文藝春秋）の「第二講　集団のためか、個人のためか」に、１９８９年にベルリンの壁が崩壊して東西ドイツが統一された以降、旧東ドイツ、東ベルリンの市民たちがその後それをどう考えているかについて特に個人主義と集団主義をめぐる調査などの記述がある。それによると、旧東ドイツ、東ベルリンの市民は、資本主義と民主主義が導入されればすべてがバラ色と思っていた。しかし、現実は一様にその自由に満足してはいなかったという。再統合から約20年、２００７年には旧東ベルリン市民の5人に一人が壁を元に戻したいと答え、旧東ドイツ人は97パーセントが民主主義に失望している。ドイツ語の造語では、この状況を、東を表す「オスト」郷愁を表す「ノスタルギー」を組み合わせて、「オスタルギー」ということばが生まれたという。

結論的にいえば、「人は自分の人生にどれだけの自己決定感を持っているかは、環境に依存する。つまり、その人がどれだけ個人主義的または集団主義的な環境に身を置いてきたかによって、認識が変わる。だがこの認識は、選択の分配がどうあるべきかという考えにも、大きな影響をおよぼしているのだ。」としている。それに関連した内容についてH・C・トリアンディス著『個人主義と集団主義』（北大路書房）の中で、ブラジルでは5、6人でレストランに行って先輩が選んだメニューをみんなで楽しみ、フランスは一人ひとりがメニューを選択する文化が紹介されている。私は、フランスが正しいと決めつけるのはいささか傲慢ではなかろうかと思うのである。

この際この地球上ではたして個人主義と集団主義のどちらの価値観がどれだけの地域に受け入れら

れているかを、考えてみるのも意義あることではなかろうか。アメリカナイズされた自立、自己決定、個人主義にあまりにもめくらましにされて、資本主義の発展があたかも最高の市民社会であるという幻想と盲信に陥ってはいないだろうか。旧東ドイツ、東ベルリンの市民が競争社会、生活必需品以外の高級品があふれていてもそれをお金で買えない社会、不平等な社会に自由を感じなかったとする生活感も重要ではなかろうか。個人主義、能力主義、競争主義を哲学的にもう一度再考する必要があると思われる。

その糸口として、先ず、社会主義という用語のルーツをたどると、伊藤誠著『現代の社会主義』（講談社学術文庫）では、１８２７年11月にロンドン協同協会の機関誌 Co-operative Magazine にはじめて登場し、１８３０年代に定着したという。その後にそれは、フランス革命の理念を具現化しようとするサンシモンやフーリエにも通じる思想でもあるとしている。

その社会主義の意味するところは、ブルジョア市民社会の個人主義に対抗した協同の理念を原理とした集団主義、いわば個人主義から「社会」集団主義の社会思想であるということができよう。その意味でも、国家社会主義を真摯に総括して資本主義を超える本来の社会主義、協同組合、共同体、共生社会・主義に今一度もどることが求められ、未来形の社会思想として復権させる必要があると考える。

資本主義的労働観の限界を超えられるか

その問題提起として、『市場社会と人間の自由』の序文に、ポランニーの考え方の一端が示されて

いる。つまり、歴史的観点から示されているのである。以下それを引用すると、

「ポランニーは、有史であろうと有史以前であろうと人類の歴史のいかなる時代においても、共同体全体が困難に陥っていなければ、個人または個別家族が困窮に陥ったり飢えに苦しむ状態に捨て置かれることはなかった、ということを結論づけた経済人類学者の研究から大きな影響を受けた。初期社会では、凶作が深刻な食糧不足をもたらしたが、共同体の他の人々に食料の余裕があるかぎり、個別家族が生活の基本的な必需品を欠くことはなかった。飢えの恐怖と利得欲が経済生活の推進的動機になりうるという思想は、一九世紀初頭以来の、歴史的にはごく最近のものなのである。」

ここで特に注目すべき点は、「飢えの恐怖と利得欲が経済生活の推進的動機になりうるという思想は、一九世紀の初頭以来の、歴史的にはごく最近のものなのである。」というくだりである。この見解に反論する人たちも多くいるだろう。資本主義者はもとより、文明の発達が人類を幸福に導くとする進歩主義者、技術と生産力の発達が経済生活を推進させると無条件に容認し、利得欲と進歩はしょせん表裏一体のものであると考える人たちも多くいるであろう。進歩幻想の呪縛から自由ではない人たちである。だから、こうした人たちは進歩や発達を抽象概念化して、現状の中で「いいものはいい」と無批判的にそれらを受け入れるのである。

一九世紀から二〇世紀中葉にかけて自然は無限だと信じられていた時代、先進諸国が途上国（南）から安価な資源を収奪して経済成長を一時的に安定できた時代、しかしこれまでのこのような客観的な諸条件が行き詰まりを見せるとともに、利潤追求の資本増殖を目的にした資本主義経済の構造的限界と矛盾もみえてきた。といって、資本主義が自壊するという楽観的な待機主義に立つことはでき

ず、たとえ大恐慌や戦争が起きてもまた世界資本主義は資本主義としての新たなシステムで動き出す可能性が高いといえるのであろう。先進国においては特にその危機を乗り越える唯一の方法が、国家社会主義だとするには残念ながら歴史的にも現実的にも不可能に近い。すでに、国家社会主義の信頼が失墜してしまっているからである。

そのためには、大恐慌や戦争の危機に一挙に革命を行うという従来型の戦略ではなく、資本主義の根本矛盾を超えるための理論と実践が常に現実の中に構築されなければならない。それにはなによりも、資本主義的生産様式における労働力商品の廃絶とその止揚を目指して、かつ、実践的にはそれを労働と労働の実質的等価交換から実質的不等価交換、共同体的あるいは人間の類的共生・共働の労働観に立ちうることができるかということである。歴史的には、ごく最近の飢えの恐怖と利得欲によるものではなしに。

行動経済学から見た労働の評価

この問題を現実の中にみてみよう。労働者の働く意欲、モチベーションをいかに高めるかは企業にとっては大いに死活問題である。労働者を管理するという労務管理も、単に争議を回避するということだけにとどまるものではなく、モチベーションを高めてより収益を高めることができるかにかかっている。そのための研究はこれまでにも多くなされてきた。

知的、精神的労働についてはこうした知識集約型の労働はそれに見合った報酬も期待されるが、それとともにいやそれ以上に仕事の満足感、達成感がきわめて重要な要素となり、モチベーションを高めるのには必須の要件となっている。自主的、成果主義的色彩が強い。

これに対して、ここでは、千田亮吉・塚原康博・山本昌弘編著『行動経済学の理論と実証』（勁草書房）を参考に取り上げる。本書は、２００４年度から２００７年度にかけて実施された明治大学社会科学研究所（総合研究）の行動経済学の理論と実証の研究成果をまとめたものである。ちょうど、リーマンショック以前の研究となる。中でも、ここでは、塚原康博「第４章　人間の行動動機と労働者の行動」をとりあげる。

「人間は様々な動機に基づいて行動している。人間が何かの行動を起こすとき、どのような動機を重視しているのかに焦点を当てる。標準的な経済学では、もっぱら経済的な動機づけのみを重視するが、経済的な動機付けはどの程度重視されるのか、他のさまざまな動機付けと比べて、経済的な動機付けが相対的にどの程度重視されるのかを実証的に検討する。また、人間の行動のうち労働者としての行動に焦点を当て、給与所得者であると想定されるときのさまざまな状況下での低賃金の受け入れおよび労働意欲、具体的には相対賃金仮説、効率賃金仮説、終身雇用による労働意欲の増加の仮説などの妥当性を実証的に検討する。

そして、人間が行動を起こすときのさまざまな動機付けのうち、どの動機付けが低賃金の受け入れおよび労働意欲と関連性をもつのかの検証を行い、さらに、アンケート調査によって、回答者の属性を尋ねているので、属性のうちから年齢に注目し、年齢と行動動機との関連、年齢と低賃金の受け入れおよび労働意欲との関連についても分析する。」（２００８年1月10日から31日の調査）

対象者のサンプルとしては、20歳代、30歳代、40歳代、50歳代、60歳以上とし、世帯年収は

300万円台、400万円台、500万円台、そして女性が若干上回っている。

何かの行動を起こすときの動機付けとして五つの動機、経済的に得をする、社会から評価される、自己実現に寄与する、道徳的に正しい、楽しい。そしてそれぞれに、非常に重要であるから、まったく重要でないの五段階評価にした。

質問は給与所得者を想定して、低賃金の受け入れおよび労働意欲に関する四つの質問をしている。1．自分の能力に見合った賃金であれば賃金低下を受け入れるか　2．自分の能力に見合った賃金であれば同僚より低い賃金を受け入れるか　3．賃金が能力以上のときに仕事に対する意欲は高まるか　4．一つの会社に一生勤務するときとそうでないときと比べ、仕事に対する意欲が高まるかである。すなわち、賃金と労働意欲の関係である。

人間の行動動機としてはその動機付けの重要度は、道徳的に正しい、楽しい、自己実現、経済的に得、社会的評価の順に重要度が高くなっている。経済行動についても、経済的な動機づけ以外の動機づけが重要性を持つ可能性は否定できないであろうとしている。

さらに楽しくないことをする場合の動機としてどの動機づけが重要かを、楽しいを除く四つの動機づけ間で1から4番めまで重要な順に順位をつけている。道徳的に正しい、経済的に得、自己実現、社会的評価の順に順位が高くなっている。楽しくないことをする場合にはそれを補うために経済的な埋め合わせが必要であることを示しているのであろう、としている。

次に、低賃金の受け入れおよび労働意欲の調査についてみておこう。

標準的経済理論によれば、まわりの状況に左右されず、自分の能力に見合った賃金であれば受け入れられると考えられるが、仕方なく受け入れる、あまり受け入れたくないの順に回答率が高くなっている。受け入れるは低い回答率になっている。これはデフレ状況を加味しなければならないとしている。

相対賃金仮説では、労働者は自分の賃金のみならず、他の労働者の賃金水準も気にかける、という点に注目しているが、自己の賃金の受け入れにおいて同僚の賃金水準も少なからず影響していると考えられる。

労働意欲の調査結果を見ると、労働意欲に関しては、賃金が能力以上のときに仕事に対する意欲が高まり一つの会社に一生勤務するときとそうでないときと比べ仕事に対する賃金が意欲を高めるかを調査した。

効率賃金仮説は、実際の能力以上の賃金の受け取りが労働者の労働意欲を高める点に注目するが、九割弱の回答者が能力以上の賃金を受け取る時に労働意欲が高まると答えている。また、終身雇用は労働意欲に正の効果を与えるようである。

さらに、動機づけの重要度、低賃金の受け入れの度合い、そして労働意欲の度合いの関係をみてみる。賃金低下については経済的な動機づけを重視する。同僚より低い賃金の受け入れ度合いについては自己実現の動機づけの重要度が優位である。

以上紙幅の関係で年齢・世代については割愛し、本章の内容をまとめると次のようになる。

人間の行動動機としてはその動機づけの重要度は、道徳的に正しい、楽しい、自己実現、経済的に得、社会的評価の順位に重要度が高くなっている経済行動についても、経済的な動機づけ以外の動機づけが重要性を持つ可能性が否定できないであろうとしている。

経済的に得が自己実現より上の順位になっている。これは、楽しくないことをする場合にはそれを補うために経済的な埋め合わせが必要であることを示しているのであろう。

効率賃金仮説は、実際の能力以上の賃金の受け取りが労働者の労働意欲を高める点に注目するが、九割近くの回答者が能力以上の賃金を受け取るときに労働意欲が高まると答えている。

障害ある人ない人が「共に働き、共に生きる」共生・共働において「同一労働時間、同一賃金（分配金）」を原則としていることについては、「ニュー・ハーモニー村」のマクロアの提案、そして賃金と労働意欲を分析した行動経済学との関係は、さらに客観的に見通す必要があるとともに、資本主義的人間であると同時にそれが生身の人間でもあるということを留意しておく必要もあろう。なぜなら、現実の人間、現実の労働は、資本主義的社会環境から自由ではないからである。要するに、私たちは資本主義的人間なのであるから。

共働・社会的事業所の労働評価

ＮＰＯ法人共同連が進めてきた共働・社会的事業所について、私は、それを「７つの原則」として整理確認した。あわせて、「社会的事業所の価値に関するテーゼ」も記述する。

共働・社会的事業所の７原則

１　（形態）　福祉制度は法の対象となる障害者だけにサービスを行い、就労の「場」一ヶ所に障害者だけを集め、その対象者に対して少数の職員が支援するサービス形態となっている。これに対して社会的事業所は、社会的に排除された人を30％以上含みそうでない人と共に働く構成員の「形態」。

2（寛容性）労働はそれぞれの能力と特性に応じ、かつ事業の役割において働く相互の「寛容性」。

3（対等性）民間企業では人間関係が上下の縦型、福祉施設では職員と利用者の関係となっている。これに対し、共働は相互に対等平等な横型の人間関係に置かれる「対等性」。

4（制度）必要経費等以外の純収益を、それぞれの生活の実態と状況にあわせて分配する分配金「制度」。

5（保障）事業所に働く者すべてが労働者性を確保した身分として労働法制の適用を受ける「保障」。

6（民主制）事業所の運営は原則全員参画を前提にした「民主制」。

7（戦略）公的および社会的支援を受けつつも、可能な限り補助金や寄付に頼らない事業収益を確保するための経営「戦略」。

社会的事業所の価値に関するテーゼ

一、社会的価値

重度の障害者が働くということは、現代社会にあって「価値」である。排除された人も同様である。その人たちが生産する物やサービスは、同時に消費者にとってもより有益であることを目的にしている。安心・安全、環境にやさしい、人にやさしい「価値」でもある。

この二つの「価値」は同一の価値を形成し、現代社会を問い、その持つ意味は「社会的価値」である。

二、労働の意味と働き方

労働者は賃金労働に基づく雇用労働者であって、労働力を商品化することによってしか生活を維持できない。そのため、労働者は雇用主である経営者に対して弱い立場にあり、どうしても従属関係にならざるをえない。

しかし、社会的事業所ではそのような関係は修復され、自らの労働を自主管理し、共有管理する関係に入る。響きあう関係は支えあう関係となり、民間企業では働きにくい排除された人も働きやすくなって、長期継続も可能になる。

こうした働き方をする理念と約束は、賃金ではなく「分配金」として、事実上の事業所内同一賃金となるのである。

三、共生の原則と社会的包摂

当然そのような働き方になれば、必然的にお互いの生き方や生活を気づかいあい、自己実現的労働、職業生活の豊かさを実感しながら、排除されてきた人もソーシャルインクルージョン（社会的包摂）を獲得できる。それが社会的事業所の理念と運動、労働統合型の経済活動である。

それればかりではない。排除された人が単独では地域社会に包摂されにくいものの、社会的事業所が社会資源として社会に包摂されることから、それによって排除された人も当然社会に包摂される。

四、付加価値

経済における使用価値と交換価値の文脈から社会的事業所を意味づけると、社会的事業所は、付加価値の高い製品、つまり消費者にとって使用価値の高い商品、それに基づき、他の民間企業より差別化を図ることによる交換価値の優位性を獲得する。高付加価値化である。それは「社会的価値」にも通じるものであり、商品そのものだけにとどまらずその販売方法にも消費者にやさしい付加価値を与えることができる。

五、ソーシャルビジネスシェアリング

社会的事業所は、ワークシェアリングにとどまらず、ソーシャルビジネスシェアリング（社会内総仕事の分かち合い）の恩恵を受けるものとする。様々な支援策に基づいて、仕事の分かち合いの権利保障とその受益を法制度を通じて公的、社会的に担保されるものである。その意味でも、ソーシャルビジネスシェアリングを、国および地方公共団体並びに国民に対してその責務を負わせ、もって合意形成を図らなければならない。

六、労働のモチベーションとエンパワメント

社会的事業所は、出世主義、成果主義、能力主義の競争原理に基づく働き方ではなく、お互いの働き方や生き方、仲間を思いやる意識の評価、お互いを刺激しあうことにより、結果、労働のモチベーションが高まり、相互にエンパワメントを開発する場となる。

社会的事業所の総合力が、所属する仲間の生活を支え、相互承認に基づく活力と生きがいを見出しながら、社会の構成員としての認識と社会貢献（役立っているという実感）の自覚を生みだす。

七、社会的概念の法律と定義

日本型社会的企業としての「社会的事業所」は、イタリアの社会的協同組合法B型の「社会的に排除された人」、韓国の社会的企業育成法の「脆弱階層」を対象にしているが、日本ではそれらは社会概念としては成立するものの、法的概念・定義にはなじまない現実がある。したがって、法律にする際には、「社会的不利を何らかの理由により負わされ、そのため、就労が困難な状態に置かれる者」と定義づける。ところがやっかいなのは、縦割り行政である。省庁との縦割りはもとより、省内においても然りである。

八、社会的事業所に対する共同連の「価値」とは

社会的事業所の「社会的価値」、「共生の原則と社会的包摂」、そして「労働のモチベーションとエンパワメント」を、共同連は、共に働き・共に生きる「共同体」として表現した。それを今日的に言い換えれば、社会的に包摂された「組織体」ということになろう。

次に、先日、精神障害をもつ人たちと共働・社会的事業所について学習会を行ったが、その際に出された個人的な体験や意見、そのやりとりをまとめたものをここに紹介する。障害をもって社会的に排除された人たちの労働観、労働の評価であるが、これを人間的労働とみるか、それとも世間に照らして甘いとみるか、いずれにしても労働の評価の一助に代えたいと考える。

なお、逆に、障害を持って社会的に排除された人と共に働く健常者、障害のない人の労働観、労働の評価、問題意識についてもあわせて考える必要があろう。

その1

障害をオープンにして社会的事業所で働くということは、心理的に楽です。拘束時間に融通がきくというのもメリットでしょう。職場に同じような障害を持った人がいたり、健常者がいたりして一緒に働くということは、一般就労で働いている頃のような孤立感が少なくなったと感じます。多大な見えないノルマやサービス残業をこなす必要もないということは人間として家畜ではなく、働いているという実感を持てるのです。できない仕事は気を使ってくれます。昇進・昇格がないというのも考え物ですが、それだけ責任の重圧に耐えることもありません。一般就労で働いて短時間で転職を繰り返すよりは、効率的でリスクが少なく、安定的だと思うのです。

その2

議論を繰り返すことで、みんなが共有できる理念ということを再確認していく。みんなでやって、また不満がでたら確認したり変更したりして信頼を受けていくから、みんなが考える理想はこうだよね、こういうものを調整しあって確かめあいながら働いていく。それがベースにあって、このベースに反しない限りの場・共同体。そういうふうに考えたらよいのですか?→まさにそうですね。固定しない、波風を立てないことは至難ですね。波風たてながらみんなで議論する運営なんだと思います。

その3

いわゆる「空気」による圧迫があります。現在、その背後にある競争主義、能力主義的な思想による圧迫もあります。

その4
いくつか問題があるとすると、障害の理解がない、家族と過ごす時間がない、言いたいことが言えない、上司との関係などです。
その5
上司との関係は、軍隊的な上下関係で、自分の命令は絶対的なものだと思っている上司もいる。
その6
働きたいと思ったところではないと、5年後、10年後のビジョンを考えられない。
その7
社会的事業所は、労働時間の形は競争的ではなく、収益を上げていくと言うことはある意味資本主義的なところにものっかるということでもあります。社会的事業所というのも市場競争にもさらされていますね。障害者がつくったから買ってくれるかといえば、そうではありませんから。値段に適したおいしさ、品質がよければ買います、悪ければ買いませんよね。そこはシビアです。そういう意味で社会的事業所がつくったもの、その壁の外は競争です。壁の中は100働ける人であろうと、30しか働けない人であろうと、そこは競争ではない、お互いに支えあって働くということ、そういう非競争的な関係の世界です。
その8
成果主義、能力主義、生産性の行き過ぎた重視による企業内部での競争状態は、この地獄のような光景に見えて仕方がありません。事業所内部では競争せず、同一賃金で、互いに利益を分配し、外では市場原理に挑戦するといった社会的事業所の試みは、極楽の発想に近いものだと考えています。以前勤めていた会社は、「仕事は奪い合いだ」という人がいました。その結果、現場は殺伐としていて、互いに信頼関係を築けないのです。「私の方が彼より優れている」といつも自分の評価を気にしながら仕事をするのです。過ぎた緊張状態が常にあり、長く務めることができませんでした。やはり、人間の能力など多少の違いしかなく、協力した方がよいと思うのです。

その9

ベーシック・インカムではなく、ベーシック・ワークこそが必要です。働ける人も世間では働けない人も社会的事業所であれば働くことができます。すべての人が働くことを通して所得保障を得られるわけです。また、人は働くことの生きがいがあるだろうし、働くことを通して人はつながると思います。

経済学『資本論』から労働の評価をどう構築するか

いずれにしても、労働の評価については経済学『資本論』から「科学」として分析する必要があろう。

労働者相互にかつ自ら労働の評価をどうみるかについては、現実には資本主義的生産様式に制約されたなかでの労働観、労働の評価に限定されることは当然である。旧社会の中で新社会を展望するのであるから、そこから免れないのはいうまでもない。制約された現実のなかで、つまり商品と商品を等価交換する経済のなかで、ポスト資本主義の労働観を模索し、それを実践的に実感しながら理論づけをしようとするのは容易なことではない。とはいえ、ポスト資本主義経済社会にあって、そして現に今実践しているなかにあって、経済学的にいかに分析・理論づけるかが大きな課題である。

共生・共働にとって、すなわち「同一労働時間、同一賃金（分配金）」という労働の評価、健常者の平均的労働能力以下の、社会的平均労働量以下の、重度の障害者とそうでない人が「共に働き、共に生きる」労働実態においては、それは文字通り、単純労働と複雑労働の類似した関係にあるとみることができよう。その関係を経済学的に、理論的に分析しないことには、いずれにしろポスト資本主義の、ひいてはソ連型国家社会主義の限界を超えることはできないといえる。それがマルクスにとってても宇野弘蔵にとっても、残された宿題であるといえるのではないだろうか。その理論的解決の見通しをみないことには共生・共働の社会的事業所も、結局のところその働き方が観念論的、非現実的情念や想いといったものになりかねない。現実的根拠が、だからこそ、経済学的にも理論的分析が求められるのである。

そのためにも、伊藤誠著『「資本論」を読む』（講談社学術文庫）における単純労働と複雑労働の分析に即して、ここで理論的に展開してみたい。そのうえで、共生・共働の「同一労働時間、同一賃金（分配金）」が普遍的地平を獲得できるかどうかを検討してみたいのである。この先、長い引用になることをご了承いただきたい。

「ベームのマルクス批判に反論したヒルファーディングは、マルクスが価値増殖過程論の最後に、複雑労働は、より高い養成費のかかる、より高い価値をもつ労働力の発現であり、『この労働力がより高いならば、それはまたより高度な労働として発現し、したがって同じ時間内により高い価値に対象化される』と規定しているところに依拠し、複雑労働は、その労働者自身の単純労働とあわせて、その労働力の養成に投じられた労働の蓄積分を平均計算において追加する。それゆえ、同じ時間内に単純労働よりより大きな価値を対象化すると解釈し、マルクス学派内ではこれが有力視されてきた。しかし、この解釈は複雑労働力の養成費をロボットの生産に要する労働と同様に扱うもので、労働力の価値はその使用価値としての労働支出による価値形成と理論的に区別され、異なる決定原理にしたがうとする、リカードからマルクスへの労働価値説の基本的立場とも反するところがある。経済生活の基本を支える労働のある部分に、複雑労働が必要とされる場合、その教育・養成の費用は複雑労働力の価値を規定することになろう。しかし、その側面とは別に、労働力の支出面では、種々の複雑労働も、基本的には人間的労働能力の同質的で共通の広い適用可能性を特定の具体的形態に発揮しているのであり、その基礎をなす抽象的人間労働の側面では、種々の単純労働とおなじく同一時間には同量の労働を支出するにすぎないものと考えるべきであろう。」としている。

しかしここで一つの留意点を指摘しておくと、健常者の平均的労働能力以下の、社会的平均労働量以下の、重度の障害者の労働能力の場合においては「基本的には人間的労働能力の同質的で共通の広い適用可能性を特定の具体的形態に発揮しているのであり、その基礎となる抽象的人間労働の側面では、種々の単純労働とおなじく同一時間には同量の労働を支出するにすぎない」と前提していることである。『資本論』ではいうまでもなく、抽象的人間労働は健常者の平均的労働能力、社会的平均労働量、同一時間には同量の労働を支出する、ということになるが、それが問題になるのは時間内に投下された労働量、価値量、すなわち等価交換における価値尺度の場合においてである。

だから結論を先走って言えば、労働力商品を止揚したのちには等価交換は超克され、等価および不等価交換の市場と非市場を組み合わせた贈与と相互扶助の経済に基礎をおく経済社会にならなければならないということであろう。

単純労働と複雑労働の関係についてさらに論を進めよう。『「資本論」を読む』では、「個別資本間の競争過程では、資本の必要とする複雑労働に支払われる高い価格が、製品価格の費用として、それに比例する利潤とともに回収されなければならないという論理が働くことになる。しかし、社会的な経済生活の基礎をなす労働実体の側面では、複雑労働力の使用価値としてのその労働支出が、複雑労働力の価値に応じて、あるいはそれに比例して単純労働より多くの労働量をなすと考えることには、大きな問題がある。マルクスのここでの規定やヒルファーディングらのその解釈にそのましたがえないところである。

なお、複雑労働力に要する特別の教育・養成費を自由な市場で家族単位での労働力の再生産にゆだねると、その投下と回収が複雑労働力の高い価値ないし価格として授受されて、それを開始、特権的職種の階層化が世代をこえて固定化され、身分制社会のような世襲的家族階層の様相が再現する作用が生ずる。逆に公的負担で教育・訓練の費用がまかなわれれば、社会の流動性は高まり、複雑労働力に固定的に高い報酬を与える必然性も薄れて、経済民主主義の基礎が拡充される。」

そして次に同じく伊藤誠著の『現代のマルクス経済学』（社会評論社）に論を進めて引用すれば、「マルクスのいう共産主義社会の低次段階における労働能力の差異による不平等の『ブルジョア的権利』が、ソ連型社会の高度に特権的に階層化された経済秩序の正当化事由とみなされているとすれば、基礎理論における熟練労働の取扱いは、その状況の検討基準を左右するものともなりうるであろう。」

「異なる使用価値物の生産にあたる異種労働の場合には、その成果が直接には量的に通約できないから、それぞれの労働の強度や熟練の程度を生産物量から比較したり計ることはできない。そこに熟練労働ないし複雑労働をめぐる本来的困難がある。（中略）複雑労働の問題に言及する。

『複雑な労働は、強められた、またはむしろ複合された単純労働にすぎないものとなるのであり、したがって、より小さい量の複雑労働がより大きい量の単純労働に等しいということになる。ある商品がどんなに複雑な労働の生産物であっても、その価値は、その商品を単純労働の生産物に等置するものであり、したがって、それ自身ただ単純労働の一定量を表わしているにすぎないのである。いろいろな労働種類がその度量単位としての単純労働に換算されるいろいろな割合は、一つの社会的過程によって生産者の背後で確定され、したがって生産者たちにとっては慣習によって与えられたもののように思われる。』（K. I. S. 59岩（一）八三―八四ページ）。

複雑労働は、この場合、単純な平均的労働力にたいし、習練や教育によって特別の発達を加えられた複雑労働力の支出であり、異種労働の比較における熟練労働とみてよい。マルクスは、ここで複雑労働が単純労働の何倍かにあたるものとして換算されることをみとめ、その換算比率は『一つの社会的過程によって生産者の背後で確定される』としているのであるが、その社会的過程が何を意味するかはかならずしもあきらかにしていない。」

伊藤氏が「その換算比率は一つの社会的過程によって生産者の背後で確定される、としているのであるが、その社会的過程が何を意味するかはかならずしもあきらかにしていない。」と疑問を投げかけていることはきわめて重要である。というのも、単純労働と複雑労働の関係も、また健常者の平均的労働能力とそれ以下の能力、社会的平均労働量とそれ以下の労働量の関係も、それら双方の関係が実は「その換算比率は一つの社会的過程によって生産者の背後で確定される」ということに通底しているといえるからである。それゆえに、健常者の平均的労働能力とそれ以下の能力の関係が、単純労働と複雑労働との関係を相似的に分析されなければならないのであろう。そしてさらに引用を続けると、

「労働差別化についての最近の欧米の諸研究においては、資本主義の発展が、労働市場を均質化せず、人権、性、学歴などの差別が維持再生産され、とくに戦後は細かな差別を規則によって体系化する企業の『官僚的』労務管理が顕著となったとされている。しかし、そこに維持再生産され、ときには強化されさえする労働者の差別は、物資的生活の基礎を支える大多数の職場をとれば、労働者間の本質的能力差によるものではなく、むしろ社会的人為的な区分によるもので、その間の移動や昇進の可能性を多分にふくむものであろう。多様な差別を賃銀等に加えられながら、労働者の作業内容自体が、資本のもとでの機械装置の理由により、とりわけ基本的な物質的再生産の行程について、ますます低質化され単純化されていることは否めないところであると考えられる。」

このように単純労働の強化も、資本主義的差別の再生産によって一見わかりにくくさせられている。その客観的、経済学的評価が差別によって意図的にまたは矮小化されてしまっているのである。その意味で、資本主義のもとでは差別に左右されない純粋な評価など存在しないといえるのではなか

ろうか。それが問題を一層わかりにくくしているともいえるのである。だが、その上で次のようにひとまず結論を導き出している。

「しかし、それらの差別をこえて、各種の労働は、いずれも複合的な同等の人間労働力のそれぞれ特殊な形態における支出であり、一種の抽象的人間労働の各一定時間として物理的時間にしたがい比較したり合計することのできるものと考えられる。相互の流動的な代替可能性は、単純労働についてそのような抽象的な人間労働としての量的集約を理論的に可能にするひとつの現実的論拠を与えるのであるが、さらにその根底に人間の労働能力の複雑な潜勢力を認識しておくべきである。

そのようにみるならば、複雑な熟練労働もまた基本的には、普遍的な人間の労働能力の特殊な形態における支出であることに変りはない。ただ、一定の養成や教育を要する熟練労働力は、単純労働に転用できても、単純労働力からは即座には転用できない。そこに賃銀等の格差を加えられやすいのであるが、その点をやや別の問題とみておけば、熟練労働も単純労働とおなじ共通の人間労働力の支出の過程とみなしてよいであろうし、それらをつうじ抽象的人間労働としての物理的時間による集計や比較をおこなうことも許されてよいであろう。熟練労働も、おなじ社会的人間労働の一分肢として、再生産に必要な作業の一環を担っているのである。」

しかしそれでもなお、重度の障害者の労働問題からすれば、どうしても、抽象的人間労働イコール健常者の平均的労働能力、社会的平均労働量が、労働力商品の止揚後にもはたしてそれを超えることが可能かどうかが重大である。さらに話を先に進めよう。

「価値の形態と実体は次数も異るものとして分離したうえで、その関連を考察する見地にたち、熟練労働の取扱いにやや積極的な整理をすすめれば、以上の検討からわれわれは、基本的には異種に熟練労働者たちも単純労働者と同一時間に同一量の価値実体を対象化するにとどまるものと結論してよいであろう。

この結論は、いうまでもなく熟練労働力の価値がどのように規定されるかとは独立の内容である。」

「租税による公教育が熟練養成の費用を完全にまかなうものとすれば、熟練労働の賃銀は、子供の熟練養成費をふくむ必要がなくなるだけでなく、熟練労働力の供給が需要に十分みあっておこなわれ、労務管理上の特別な配慮が加えられなければ、標準的な単純労働の賃銀に等しくなってもよいはずである。」

大変長く引用を続けてきたが、最後に次の文章を引用したい。

「社会主義社会では、社会的総生産物から、個々の労働者に分配される以前に、生産手段の補填、生産拡張、災害などへの予備、さらには一般的行政費、学校、衛生設備、労働不能者等のために基金が控除されるであろう。熟練労働の養成費もそこでは社会的に共同のフォンドでまかなわれてしかるべきである。そうなった場合、われわれの検討にしたがえば、さまざまな社会的控除がなされた後に社会的総生産物から熟練労働者がうけとる生活手段は、彼自身労働給付への反対給付としても、また労働能力の維持再生産の補償としても、一般的な単純労働者がうけとる生活手段は、彼自身の労働給付への反対給付としても、また労働能力の維持再生産の補償としても、一般的な単純労働者がうけとるものより大きくしなければならない理由はない。それは、資本主義のもとで熟練労働の養成が公教育で完全にかつ十分におこなわれる場合の例と内容的にほぼ対応するところである。

ところが、マルクスは『ゴータ綱領批判』において、共産主義社会の低次段階に関し、「ある者は肉体的または精神的に他の者にまさっているので、同じ時間内により多くの労働を給付する……」から、労働給付に比例して労働者が「うけとる社会的消費元本の持分には、原則上不平等な『ブルジョア的権利』が残らざるをえないとしている。このマルクスの規定が、ソ連をはじめとする『革命後の社会』における国家・党官僚の高度に階層化された財やサービスへの特権を正統化する一論拠として十分に利用されてきたことに疑いはない。しかも、その状態は、『各人はその能力に応じて、各人にはその必要に応じて』といえるような共産主義社会の高次段階がはるかな彼岸的ゴールとみなされるかぎり、ほぼ永続的なものとみなされることにもなっている。しかし、熟練労働が同一時間に『強められた』より多くの労働を対象化しうるという想定に、マルクスのいう労働給付に応じた『ブルジョア的権利』の有力な論拠があるとすれば、われわれはいまやその論拠と展開に理論的に同意できないことになる。

もともと社会を形成する人間が根本的には相互に平等な存在であるとみなすのは、マルクス理論につねに本質的な一契機であった。マルクスの労働価値説における熟練労働の取扱いは、こうした観点にたって、ソビエト型社会の階層化された特権的秩序も、資本主義社会の人為的に差別化された労働秩序も、ともに批判的に省察しうる基本理論として整備されてよいように思われるのである。」(『現代のマルクス経済学』288―289ページ)

経済学『資本論』およびマルクス経済学思想の不徹底性に対し、以上の多くの引用を通して、それをふまえて新たな労働評価を読み取ることができた。とはいえ、資本主義を超えた、労働力商品を止揚するということが、障害者である私にとってはたして、なによりも「健常者の平均的労働能力、社会的平均労働量」を超克することにつながるかどうかということに他ならない。そうでなければ、意味がないのである。もしその可能性が皆無であるならば、社会保障を充実させた高次の福祉国家論でよいことになる。

またさらに原論にたっていえば、『資本論』においては資本家が労働者の労働力を商品として買うだけであって、なぜなら分離された生産手段と労働力を直接結合させることにあるからであり、それ以外資本家が他の資本家に労働力を再び売るということは本来ありえない。しかし今日の新自由主義的に変質・発展した資本主義にあっては、労働者派遣法制度にみられるように、資本家が一旦手に入れた労働力を他の資本家に再び売るということをしているのである。いやむしろもっとわかりやすく言えば、労働力を売ることを目的に労働力を買っているのである。これは労働力商品という商品を扱う商業資本に他ならない。それは同時に、資本家間で労働力を商品として売買する賃金「奴隷」制度であり、現代の合理的な奴隷制度である。たしかに『資本論』にはそれがない。

だからといって、このような商業資本に言及を加えていないからといって、それをもってもはや『資本論』は古いとか誤っているというのはいささか軽率である。それは資本家がお互い効率的に労働力商品（資本）を流通させているにすぎない。それは多様な働き方ではない。資本は常に「資本の変態」という流通過程を通して自己増殖を成し遂げようとするものであり、その意味では『資本論』の原論から照らしても何一つ逸脱しているものではないのである。

ここで急に現実政策に入り込んでしまうのだが、非正規雇用（有期）や派遣制度のもとでは軽度の障害者や障害者手帳の対象者にはならないボーダーの人たちが、きわめて劣悪で不安定な雇用条件のなかで多く雇われ、しかしその一方で、即戦力にはなじまない重度の障害者は雇われないということがおきているのである。この傾向は、障害者と同様の社会的に排除されて生きにくい、働きにくい階層を必然的に大量につくりだす。

近代経済学の「合成の誤謬」に従えば、新自由主義的経済政策のもとで不安定雇用労働者をうみだす一方、同じ政府が今度は現実政策の必要に迫られて「生活困窮者」の救済対策に乗り出さざるをえないといったことなのである。しかしこれは、原論か政策かの二者択一ではない。鶏が先か卵が先かではない。鶏も卵も、である。

といって、民主的で健全な資本主義をまず実現してその後に社会主義に移行するという二段階論は、結局、日本資本主義論争をめぐる講座派と労農派の論争の際に、講座派が陥った二段階革命論に意想を同じくしている。講座派は明治維新以降の日本は、天皇制支配による絶対主義体制とみた。それゆえ、天皇制を打破してまず資本主義的ブルジョア市民革命を行なわなければならないとし、その後に社会主義に向かうという二段階革命論であった。

科学とイデオロギーを明確に分けつつも、政治過程論とその戦略においては原論か政策かではなく、原論をふまえてそれを現実政策のなかにどういかしていくかである。資本主義は前提にはするが肯定はしない、という意味はそういうことであり、階級闘争史観一辺倒の政治闘争でもない、また健全な資本主義を第一の目標に実現することでもなく、実践的には原論と現実政策を有機的に、かつオルタナティブな価値に基づくボトムアップの運動として創りあげていくことであって、同時に、国家論、国家とはなにかを本質論からひも解いていくことも必要であろう。

いずれにしても、日常的に、現場を資本主義的な労働の評価からさらに共生社会・主義的な共生・共働の働き方に人間労働を変えていくことであり、そのことが必ずしも社会的事業所に限ったことでもなく、一般の民間企業においても労働運動としてその萌芽の可能性を求めるべきであろう。

第五論考　社会連帯経済と地域創生

韓国「社会的経済基本法」とソウル市「社会的経済基本条例」に学ぶ

提言　―地域創生と国民経済の三部門化

世界的潮流として今日の新自由主義的グローバル経済が拡大し続ける中、経済社会の格差と排除その二極分化が日本でも進行していくことは避けられない。特にアベノミクスによる円安政策はなおさらのことである。輸出系大企業は内部留保を高め、中小企業は生産のコスト高に苦しみ、大都市と地方との格差はますます深刻になっていく。加えて特に日本社会においては、出産適齢期といわれる二十歳から三十九歳までの若年女性の絶対数が減少していくため、たとえ特殊合計出生率が今後高まっても人口減少は避けらず、今世紀末には人口五千万人になると推計されているような今日の超少子高齢社会、大都市圏と地方圏の人口動態および不均等な経済発展の格差が、一層それに拍車をかけ、国民経済社会の衰退とひずみ、その成長の限界を呈していくと言える。

　またさらに問題なのは、正規社員の男性より非正規社員の男性の方が結婚率は半分でしかなく、非正規社員が今や四割に迫る日本社会においては将来労働力再生産の衰退と劣化が進み、良質の労働力を再生産できない日本社会は早晩その内部から崩壊していくことも充分考えられ、資本主義の墓掘り人を育てているといえるのである。

　そのことの一端を増田寛也編著『地方消滅』が如実に表しており、八九六の市町村が消滅していく一方、ブラックホールのようにすべてを呑みこんで一極集中の東京圏が存在する。しかしその東京圏もやがて高齢社会を迎えて成長の限界に至り、いわば東京圏のビッグバンが日本そのものを衰退に追いやると理解される。決して、東京圏だけが持続可能な発展を続けるというわけにはいかない。本書はその解決の出口として防衛反転戦の構築を唱え、極点社会構想として地方の中核都市を重点化した総合的かつ集中的な政策を打ち出すことが必要と訴えている。私はその出口に疑問を抱くとともに、「地域」が必ずしも地方だけの問題に留まることなく、実は大都市圏においても同様の地盤沈下がおきると考えるところである。地域住民の生活と仕事を考える際、地方と都市に通底する「地域経済」の基盤、過疎と格差そして社会的排除の問題は共通の基本課題が横たわっていると言える。したがって地域に住む住民のかかわりと関係、社会目的をもった地域経済とその担い手に着目しなければならないであろう。

　こうした事態に対して、私たちは一つの解決方法を韓国から学ぶことができる。なぜなら、それは、日本より先に韓国ではそのような経済社会の危機的状況に直面しているからでもあり、そのため、マクロ経済とともに社会的経済の政策が国家戦略としてとられようとしているからである。韓国は、ペルーとチリに続いて世界第三番目に多い五〇ヶ国とFTAを締結しており、GDPベースでもそれが七〇パーセントを占めているというのである。財閥大企業中心の韓国経済がいかに外需に依存し、内需がどれほど衰退しているかがよくわかる。しかも、全労働者のうち非正規労働者が六割（日本は四割）を占めていることからも、韓国社会の格差と不安定性がそこから見えてくる。日本社会も他人事ではない。こうした現下の経済社会の状況に対してとられている韓国の社会的経済政策、すなわち、国民経済を政府部門、民間部門、社会的経済の三部門に分けかつ、その三部門を有機的に連携強化させようとする試みが今とられようとしている。

実はこのような経済政策はイラン・イスラム経済にもすでにみられる。一九七九年に始まったホメイニのイラン革命において、イラン・イスラム共和国の財政経済はバキールデュ・サドルの『イスラーム経済論』が基礎になっており、イラン・イスラム共和国憲法第四十四条には「イラン・イスラム共和国経済は、公的部門、私的部門および共同部門の各部門を基礎に置く」とあり、国民経済を政府部門と民間部門、そして共同部門の三部門に分けている。韓国の「社会的経済基本法」という個別法とは違い、イラン・イスラム共和国は国の基本法としての憲法にそのように定められているということが大きな驚きである。

これは注目に値するが、だからと言って日本があるいは韓国がイラン・イスラム共和国のように一挙に基本法に定めるというわけにはいかない。現実政策としてはやはり日本は韓国から学ぶのが妥当であろう。特に地方消滅と東京圏の一極集中を是正するためにも、地方と都市のそれぞれの「地域」

をキーワードとした社会的経済を体系的に政策化することがきわめて肝要である。

ところで、社会的経済とは連帯経済と並んで一九世紀にそのルーツをもち、近代資本主義の自由経済がもたらした失業と貧困に対して、イギリスにおいて一八四〇年代に勃興期を迎えた労働者協同組合がロバート・オーエンらによって進められ、またフランスにおいてはフランス革命の「自由、平等、友愛」の友愛が博愛、連帯という思想に発展し、それを定式化したのが社会学者エミール・デュルケムで、著書『社会的分業論』に示されている。そして二世紀近くを経た今日、新自由主義的グローバル経済に対して両者は社会連帯経済として復権したのである。

社会連帯経済とは互酬性、相互扶助、自主性、連帯の理念の下に社会目的をもった非営利の経済活動の分野としての経済社会思想である。その実態経済としては共済組合、財団、協同組合、社会的企業が主な分野である。特に社会的企業についていえばソーシャルビジネス、コミュニティビジネスとも言われ、アメリカモデルとヨーロッパモデルの二つがあり、なかでも社会的に排除された人の雇用創出を目的にしたWISE（ワーク　インテグレーション　ソーシャルエンタープライズ）がある。

話を日本に戻すと、以上のように、社会連帯経済の実態経済としての共済組合、財団、協同組合は制度化されているものの、社会的企業は法制化されていないが日本においても実態として社会的企業が存在していることは確かである。それを国民経済の一部門として総合的かつ体系的に政策化することが求められるべきところである。しかし、日本においては社会的企業としての労働者協同組合や社会的事業所などが今だ法制化されておらず、むしろ国の姿勢としては後ろ向きといってよい。社会連帯経済としての認識には至っていない。

たとえば、国連が提唱した「二〇一二年国際協同組合年」の際、すべての協同組合が一堂に会して「二〇一二国際協同組合年全国実行委員会」を結成し、「協同組合憲章草案」を策定して国に働きかけたが、政府の反応は芳しくなかったのもその証左である。それどころか、二〇一四年五月一四日に、政府の規制改革会議は農協中央制度の廃止、全農の株式会社化などを盛り込んだ提言を発表した。これは農協解体をめざすものであるとともに、協同組合全体への政府からの攻撃であるとみることもできる。この事態に対し、ＩＣＡ（国際協同組合同盟）もすばやく反応した。このことからもわかるように、日本政府は、市民の非営利経済活動には冷ややかな姿勢をとっている。その点からも、日本政府は韓国に学ぶべきであろう。

地方消滅と東京圏一極集中を是正するためにも、地域経済を、国民経済の一部門に位置付けた社会的経済の政策化によって推進すべきものと考える。

新しい価値の創出

「地方創生」に目を向ければ、『地方消滅』の中にもかろうじて価値観の転換に関する貴重な記述がみられる。それは同時に地方に限られたものだけではなく、人間関係が空洞化した都市においても充分参考になるものといえる。まさしく社会的経済を通した地域社会の、地域経済の復興であるとともに「地域創生」でもある。

それでは『地方消滅』からその箇所を紹介してみたい。

国民・若者の意識改革と価値観の転換・創造

このテーマに関連して本書から部分的に引用し、本書に即して仕事、いきがい、価値観の転換と創造の必要性を検証してみたい。また、社会的経済としての社会的企業にもふれたい。引用は次の通りである。

「対話編1」より

藻谷　甘いと言われるのを承知で述べれば、さすがに今の東京や大阪の状況を見ると、収入がなくても田舎に分け入っていく若者が、これから増えるんじゃないかと思うのですよ。

増田　たとえば総務省の支援する「地域おこし協力隊制度」で、対馬に移住して自然資源保全活動をやっている女性の話なんかを聞くと、すごいなと思いますね。大学院出のキャリアを活かして活動し、現地の青年と結婚する予定だという。他の地域にも「協力隊」として、少なくない若者が飛び込んでいってます。まだ端緒かもしれないけれど、そんな予備軍がけっこういるのではないか、と私も感じます。

藻谷　さらにいえば、国民にも発想の転換が必要なのではないでしょうか。私には二人の息子がいるのですが、大学を出て大企業に入って残業続き、という人生を歩んでほしくはない。子孫も残せず、消費されるだけの一生よりも、田舎に行って年収二〇〇万円ぐらいで農業をやっているほうが、よほど幸せだと思うのです。ところがそれをやると、〝都落ち〟的な視線に晒される。そうした風潮は、あるべき人口移動の妨げになります。

「対話編3」より

樋口　これからは、製造業にしろ、サービス産業にしろ、外部依存型ではなく、地域特性を活かした内発的自立的な雇用を作りだしていかなければならない。
地域の人材育成や開業を国が支援していくことも重要です。自立的なＮＰＯや社会的企業をもっと増やし、育てていくことも求められます。
地域を創り、支える人材を育てていかなければならない。
増田　大学を選ぶとき、地元を離れるという一つの決断をする人が多いですね。いわば〝一八歳の決断〟です。人生の一時期、東京や生まれた街ではない場所へ行って学ぶのは大事なことです。一方で、どこで学んだとしても、仕事をするからには地元に戻ってやっていこう、という〝二二歳の決断〟をする人を増やすこと、これも大事です。そのためには地元である地域に雇用がなければならない。
樋口　どれだけ多くの人が、自分たちの街に自らの力で雇用を作っていこうとするかが、結局は重要になる。外部人材を活用するにしても、そういう考えの人を増やし、彼らが活躍できる場所を作っていくこと。これが重要だと思います。

以上のように価値観の転換を理解した上で、ここでは特に「対話編３」の樋口氏の発言について一言言及しておかなければならないであろう。それは「社会的企業」のことである。
この「社会的企業」はおそらくアメリカモデルのそれであると推察される。もちろん雇用創出という立場からすればそれを一方的に否定するつもりはないが、ただ社会連帯経済の文脈からはいささか意義をはさまざるを得ないのも確かである。

社会的企業にはアメリカモデルとヨーロッパモデルがあることはすでに述べたが、アメリカモデルは社会的企業家と呼ばれる事業の立ち上げ者および経営者の果たす役割が強調され、政府の関与も否定的で、主な収入源は市場からの事業収益でいわばベンチャービジネス型の雇用創出といったものである。他方、ヨーロッパモデルは多様な利害関係者（ステイクホルダー）の参加が強調され、民主的運営によって社会目的を実現する非営利の事業で、政府の関与が不可欠であるとともにさまざまな公的かつ社会的支援を期待するものとなっている。

いずれにしても、何度も繰り返すように、互酬性、相互扶助、自主性、連帯の理念に基づいた、そして社会目的をもった非営利の経済活動の分野である社会連帯経済、その実態経済としての共済組合、財団、協同組合、社会的企業の経済モデルをして、新自由主義的グローバル経済に対抗した「地域経済」「地域創生」の政策が計られなければならないと考える。そのことを今一度、韓国の社会的経済から学ぶ必要があろう。

韓国の「社会的経済基本法」制定の動き

本原稿の執筆の目的は、地域創生のためのもう一つの政策を提言することである。そのためにはまず、韓国で進められている社会的経済政策を紹介する。一言でいって、社会的経済とは互酬性、相互扶助、自主性、連帯の経済のことであり、地域共同体とその担い手である社会的経済組織の活性化と育成を推進しようとするものである。

本項は、二〇一四年一〇月十四、十五日に、ソウル市社会的経済支援センターを会場に開かれた「第五回日韓社会的企業セミナー」の講演と資料の一部をまとめたものである。本セミナーは、日本のNPO法人共同連と韓国の障碍友権益問題研究所の共催で開催され、一九九五年の日韓交流を経て、二〇一四年社会的企業セミナーとして開かれたものである。一部私の解説を加えながら、ハンシン大学校教授イ・インジェ、労働省社会的企業振興院企画管理本部長チェ・ヒョクチン両氏の講演と資料を紹介する。その際明らかになったのは、年内の制定をめざして与野党の法案、「社会的経済基本法」の制定に向けた概要とその背景が示されたことである。だが、社会的経済基本法は二〇一五年六月に与野党合意の法案がまとまった段階で、国会の事情からかなり遅れているのが現状である。

Ａ　韓国内の経済社会の現状認識

（イ・インジェ）

国内の階層間の所得不平等。中央と地方間の格差。両極化の深化および内需経済の落ち込み。格差の深刻化と暮らしの低下。階層間の所得の格差。大企業と中小企業の格差。

ＯＥＣＤ三十一ヶ国中（現在の加盟国は三十四ヶ国）、自殺率と離婚率一位、所得不平等指数四位、社会過当指数二位、社会資本指数最下位。→不安な社会、危険な社会、葛藤の社会。

（チェ・ヒョクチン）

グローバル環境と市場の限界。雇用危機、経済危機、グローバル化による市場の不安定性の増大。市場の失敗。市民社会の危機。財政の危機。地域共同体と市民社会の危機。市場失敗、政府失敗による共同体の危機。

B　社会的経済の発展の意義

（イ・インジェ）

社会的経済の活動は内需を拡大させて、格差で苦しむ国民の暮らしの質を向上させる手段。経済の生態系づくりの促進。雇用拡大、社会サービスの充実、内需成長。国民経済の三大柱として社会的経済を認める。

（チェ・ヒョクチン）

市場または政府、既存のパラダイム、競争社会→社会的経済の発展、参加型民主主義の拡大、すなわち、未来社会は協力社会。グローバル時代の新しい戦略として、協同と連帯の原理。政府、市民社会の協力、統合的接近をはかる。国民経済を、政府部門、民間部門、社会的経済部門とし、社会的経済を通じて、政府、民間企業、市民社会の協力を進め、社会的経済は社会統合的な成長モデルとする。

C　世界における社会的経済に関する法制化の動き

（イ・インジェ）

スペイン、社会的経済法。エクアドル、庶民連帯経済金融法。メキシコ、社会連帯経済法。ポルトガル、社会的経済に関する基本法。カナダ・ケベック、社会経済法。フランス、社会連帯的経済法。

D　韓国憲法および協同組合基本法
韓国憲法第一二九条
1　韓国の経済秩序は、個人と企業の経済上の自由と創意を尊重することを基本とする。
2　国は、均衡がとれた国民経済の成長および安定と適正な所得の分配を維持し、市場の支配と経済力の乱用を防止し、経済主体間の調和による経済の民主化のために経済に関する規制と調整ができる。
協同組合基本法第二条
1　財貨またはサービスの購買、生産、販売、提供などを協同で営むことで、組合員の権益を向上させ、地域社会に貢献しようとする事業組織をいう。（注　五人以上で設立。）

E　社会的企業育成法の制定過程（堀解説文）
一九九三年に自活事業（企業）の制度化。九七年に金融危機とＩＭＦ体制。失業者の増大。二〇〇一年に、生活保護法（高齢者、障害者等の貧困者を対象）から「国民基礎生活保障法」に改正。従来の公共職業訓練ではなく、自活事業、自活共同体による地域および小規模に基づいた職業訓練（キムチづくり、豆腐づくり、清掃やリサイクルなど）を受給要件としたが、なおも一般雇用には結びつかないため、二〇〇七年に主に脆弱階層（年齢ごと及び男女の平均賃金の六割以下、結果として障害者、ホームレス、引きこもりやニート、依存症者、刑余者、シングルマザー、脱北者など）を対象とした「社会的企業育成法」（労働省所管）を制定。社会的企業の育成と、非営利を強化するため、その後協同組合基本法が制定される。

社会的企業は施行時五十ヶ所、二〇一四年一一〇〇ヶ所、現在二五六〇〇人のうち脆弱階層が一五〇〇〇人雇用されている。第二次五か年計画（二〇一三年〜二〇一七年）。

F 「社会的経済基本法」におけるおもな概念

☆ 社会的経済

（チェ・ヒョクチン）

社会的経済とは、協同の欲求をもつ人々、または彼らのための企業活動で成り立つ利害関係者の経済。社会的価値の実現のために、貨幣的・非貨幣的な資源を生産、交換、分配、消費する組織で構成された一つの経済領域。再分配→平等、公企業。市場部門と公共部門の間で両者を通じて供給されないサービスを提供する経済活動領域。政府、市場とは違う第三セクターとして総合的に成長進化する。


（新政治民主連合）

社会的経済とは、共同体構成員の相互の互恵協力と社会連帯的関係を土台にした社会経済組織は、社会的目的を追求するために事業体を通じて、財貨とサービスを生産することで、共同体利益と社会的価値を追求するすべての社会経済的活動をいう。


（セヌリ党）

社会的経済とは、構成員相互間の協力と連携、積極的な自己革新と自発的な参加を土台に社会サービス拡充、福祉の増進、雇用創出、地域共同体の発展、その他共益に対する寄与など、社会的価値を創出するすべての経済的活動をいう。

☆　社会的価値

（新政治民主連合）

社会的価値とは、社会的経済組織が主体になって公益活動を目的とし、社会的経済活動を営むことによって得られる社会の共益的成果として、次の各号の内容を包括する価値をいう。

イ　地域共同体と社会概念構成員全体の利益に寄与する公益活動

ロ　労働市場での平等な雇用と脆弱階層に対する労働統合

ハ　その他、社会共益的価値、倫理的生産と消費、公正な取引は健全な消費文化に発展、人権尊重と環境保護、公共の安全と便宜増進および公益信託法第二条1号で決められた公益事業への直接的な寄与

☆　社会的経済組織

（チェ・ヒョクチン）

協同組合、共済組合、および財団など、共同体の利益または非営利団体的な目標の実現のために、企業活動を遂行する組織。金融と保険業を除く。労働者所有の協同組合の法的認定

社会的経済組織→自活企業、社会的企業、町企業、基本法協同組合、社会的協同組合、農漁村共同体会社。

G「社会的経済基本法」の必要とその概要

労働省、福祉省、財政省などに所管される個別法を超えて総合的に統括する上位法が求められている。与野党案が示されているが、年内に成立をめざして調整中。

（新民主政治連合の法案）

基本法の目的と理念

第一章第1条（目的）　バランスがとれた国民経済の発展と国家、共同体の発展に寄与。社会的経済にやさしい生態系の構築→社会的経済の基本原理による共通の法的基盤をつくり、持続可能な発展を牽引。民、官の協力にもとづいた政策推進体制の構築→雇用創出と社会サービスの提供。地域共同体の開発と暮らしの質の向上に寄与する社会的経済組織の育成、発展。

第2条（原則）　互恵協力と社会連帯。社会的目的を優先する社会的価値を追求。自立、独立、透明な運営。民主的で開かれた運営をもって多様な利害関係者の参与を促進させねばならない。発生した利益を構成員全体の共同利益と社会的目的の実現のために優先的に使う。地域、共同体の開発と地域循環経済発展のために組織相互間の協力、地域社会の発展のために寄与しなければならない。

☆　与野党の核心的協議

社会的経済組織の範囲。社会的経済の発展のあり方。社会的経済の発展委員会のあり方。社会的金融制度化と基金の運営体制

（日本語訳　ピョン・ミャン）

「ソウル特別市社会的経済基本条例」とグローバル社会的経済フォーラム

朴元淳ソウル市長のもとで、二〇一三年十一月に初めてグローバル社会的経済フォーラムがソウルで開かれ、日本からも横浜市や京都市が参加した。その他、ボローニャ市、エミーリア・ロマーニャ州。モントリオール市、ケベック州、ケソン市、ソウル市など、協同組合やNGO、研究者らが参加した。その際、「ソウル宣言」が採択された。本項ではその「前文」の要約と十項目のうちの六項目を紹介したい。その前に、二〇一四年の十一月にも再びソウルでフォーラムが開催されたことを付記しておきたい。

ソウル宣言「前文」

二〇〇八年のアメリカ金融危機に端を発した危機が二〇一一年のヨーロッパ財政危機へ、更に最近のアジア及び新興国経済の金融不安に繋がった。かような危機が市場原理主義への過度な傾斜と、ほとんど規制のない金融世界化の結果であるという事実を否定することは出来ない。

経済危機は所得の両極化（富者と貧者の格差拡大）と社会的排除をもたらした。これによって経済危機は様々な社会的・政治的な危機へと発展していったのである。また化石燃料への過度な依存が、気候温暖化、生物多様性の破壊、そしてエネルギー・食糧危機など人類の生存自体を危険に陥れる生態系問題を生ぜしめている。

かような危機に直面して我々は〝多元的な経済〟を模索する多様な動きに注目している。今、世界中で起こっている〝社会的経済の運動〟が、両極化（富者と貧者の格差拡大）、社会的不平等と社会的排除、そして生態系の破壊という諸問題を解決することができる新しい希望として浮上している。

社会的経済は信頼と協同を基礎にして効率性と平衡性そして持続可能性を同時に達成しようとする。

このような社会的経済こそが公共部門と市場経済との調和をつくりだし、現在のグローバルな危機を克服することが出来るのだ。社会的経済は地域、国家、そしてグローバルな次元において、経済、社会、文化および生態系問題にたいして総合的に接近するという特徴を備えている。

社会的経済は何よりも社会的に疎外された人々が仕事の場をつくること、尊厳性を回復する場合において必須的な存在である。特に教育と福祉、保健と介護サービスなどの関連財（relational goods）を供給する社会サービス部門において、社会的経済は驚くべき成果をあげている。また社会的経済は持続可能な共同体の形成と食料の安全保障において非常に重要である。社会的経済はこの間、充足することのできなかった必要（needs）を社会の構成員の協同によって解決するという点において社会革新（social innovation）の最も重要な土台なのである。

今、人類が直面している問題はどんな国でも一国が単独でも解決することの出来ない問題である。我々が当面している問題を解決するためにグローバルな連帯を追求しなければならない第一の理由はここにある。

1　各地方政府は公共―民間―共同体のパートナーシップを通じて持続可能な社会的経済のネットワークを構築し、主要な社会的経済の諸主体の間の交流と協力を推進する。

2　我々は皆、市民の権限の重要性を認め、各社会的経済の多様で広範囲の共同体のリーダーシップを支持する。

5　我々は皆、社会革新をするために我々の経験とビジョンを共有し、人的資源の育成のため、諸都市間の社会的経済の人的交流のプログラムを積極的に運営する。
7　我々は皆、社会的経済と市場経済及び公共経済とが調和をつくりあげることが出来る発展モデルを開発する。政府の公共政策は、かような目的を達成できるようにすることである。
9　我々は皆、深刻な低開発と貧困の問題を経験している開発途上国についての責任意識に共感し、社会的経済を通じて貧困国家の経済、社会、文化、環境に対する統合的な接近を通ずる解決方法を模索する。
10　我々は皆、社会的経済のグローバルな共同行動を推進し、社会的経済を運営し発展させるためにグローバルな協議体の形成を支援することにした。女性団体、労働団体、環境団体など社会的経済の多様な諸運動もこのような過程に共に参加するであろう。

二〇一四年五月に、「ソウル特別市社会的経済基本条例」が制定された。その主な条文は次の通りである。

第二条（基本理念）
　この条例は社会構成員の共同の人生の質と福祉水準の向上、社会経済的な両極化の解消、社会安全網の回復、協同の文化の拡散など社会的価値の実現のために、社会的経済と市場経済及び公共経済の調和をつくりあげることを基本理念とする。

第三条（定義）

この条例において利用する用語の意味は次の各号の通りである。

1　〝社会的価値〟というのは次の各自の行為を通じて経済的、文化的・環境的な福利水準を向上させる公的概念の効用を云う。

イ．安定的な職業の創出

ロ．地域社会の再生

ハ．男女の機会の平等

ニ．社会経済的な機会において排除される危機に置かれている社会構成員の回復

ホ．共同体の利益の実現

ヘ．倫理的な生産と流通

ト．環境の持続可能性の保全

チ．その他、労働・福祉・人権・環境の次元で地域及び社会構成員の社会的・経済的・文化的・環境的な福利の増進

5　〝社会的経済の生態系〟とは、社会的経済企業の設立及び発展、市場の造成及び利害関係者の多様な参加、再生産と再投資を好循環的に成し遂げられるシステムのことを云う。

第五条（市長の責務）

①　市長は、社会的経済の活性化と社会的経済企業間の有機的な協力と連帯が成し遂げられるように、必要な支援及び施策を総合的かつ効果的に推進しなければならない。

② 市長は、ソウル特別市（以下、〝市〟という）の各種の政策樹立と事業の執行において寄与するように積極的に考慮しなければならない。

③ 市長は社会的経済の活性化と持続可能な生態系の造成のために、関連する政策の樹立、施行、評価において社会的経済企業、社会的経済の当事者の連合体などの意見が反映されるように努力しなければならない。

④ 市長は社会的経済の発展が地域住民の生活水準の向上と地域経済に寄与することが出来るように自治区と協力する

（「宣言」と「基本条例」の日本語訳は丸山茂樹）

近未来へ

韓国の社会的経済またはイラン・イスラム共和国の共同のように、日本でも国民経済を三部門に分けて、社会連帯経済の第三の部門を積極的に育成発展させることが肝要であると考える。その上で、政府部門と民間部門に、社会連帯経済の第三の部門を有機的に結合・連携させ、都市と地方との間に経済や人材、また情報のネットワークづくりの形成を構築することがきわめて重要であるといえる。そのことによって初めて、地域創生と大都市との持続可能な成長が見込まれる。

期待される価値観の担い手たる主体の市民は、社会連帯経済を現に担っている「市民」で、すでにその人々は地域に存在している。

したがって、私たちが今なすべきことは、協同に基づいて社会連帯経済を国民経済の一部門に押し上げることであり、そのためには社会連帯経済の担い手たる市民を育成し、その全国ネットワークを形成すること、ボトムアップの運動を幅広く創りあげていくことではなかろうか。

そしてさらに、民間部門における民間企業の労働組合・労働運動と、社会連帯経済の部門を担う私たちとが、相互にどのような理念と認識、連携と関係性を構築していけるかを問わなければならないと考える。反貧困問題に取り組んでいる会の席上で、私たち共同連が進めている社会的事業所の理解と支援を求めたところ、労働組合の幹部から「福祉じゃだめなんですか。」と言われて、私はがっかりした覚えがある。問われるのはもちろん、双方の関係性である。

最後に一言付け加えておかなければならないことは、国民経済における三部門が、目的論的なのかそれとも戦略論的なのかは、結論を急ぐ必要はないであろう。なぜなら、現段階においてはまだそのような状況に至っていないからであり、とりわけ三部門のうちの社会連帯経済がいまだ十分に成熟していないからでもある。

第二章　共生・共働への道

第六論考　競争より共走が人間を活かす

競争には勝者と敗者が存在する。それがなければ、競争は成り立たない。その競争を積極的に評価する人たちは、それによって社会も経済も進歩すると信じている。だがこれは進歩主義幻想と言ってよく、人間を必ず幸せにするとは限らない。またそして今日の新自由主義でも強者から敗者へ富があふれ出る（トリクルダウン）としているものの、結果は格差と社会的排除を生み出したにすぎない。

『人口論』の著者で有名なマルサスは、人口と食糧の関係から、経済においては自然的生物学的に弱い者は生存競争の下で貧困状態ないしは滅亡せざるを得ないとして、そのような社会を容認している。この生存競争の思想をさらに徹底したのが「社会進化論」を唱えたスペンサーである。それは「適者生存」の弱肉強食の生存競争社会である。その経済社会は人々の競争を前提に、闘いの条件は市場によって決められるとした。勝利者こそが富と報酬を得て生き延び、敗北者は獅子の餌食になるとした。

経済も、自由経済が尊重される。この場合の「自由」とは競争にほかならない。その自由と競争を正当化するのが、誠実さと実直勤勉を要求する資本で、それは資本主義の精神としてのエイトスだと、マックス・ウェーバーは著書『プロテスタンティズムの倫理と資本主義の精神』の中で説明する。信仰としてのエイトスは、同じ信仰としての職業労働によって隣人の命と生活を育む経済活動で、そのバロメーターは利潤と利益において立証される。

ところが人間は「賢明」だから結果としての利潤と利益が目的的になって、かつ資本の論理において、彼らの誠実さと実直勤勉が文字通り世俗的利己心となる。他人を蹴落としてまで、あるいは戦争をしてまでも勝ち抜こうとする。このメカニズムと論理は真実である。なぜなら、戦争さえ常に「正義」のもとに行われてきた。競争も戦争も、人間を生かしはしない。それは強者にとっての理屈にしかすぎない。

実はその競争にもルールがあって、もちろん時にはやむなく強者を規制することもあるが、おおむね原則強者のそれであり、そしてそれは一人歩きをして、それに合わない、ないしは従わない者をそこから排除する。

私は子どもの頃、強度の弱視であった。小学校四年まで地域の学校に通い、その後盲学校に転校したが、近所の仲間と一緒に遊んだ。当時、三角ベースのソフトボールが私たちの遊びであった。私は人気のあるピッチャーをいつもやって（それしかできないから）、バントは禁止、返すボールはゴロと決まっていた。私がまず在りき、そこからルールがつくられた。私はその後も仲間の一人であった。

共同連が進めている「社会的事業所」も、健常者並に働く労働能力が基準・ルールではない。まず、重度の障害者も在りき、共に働く。これを「存在論的」という。まず人が居て、それでみんなで稼いで分配する。

競争と利己心に基づく進歩至上主義は、強者と敗者、排除の論理を有する。そして悲しいかな、排除したものがそのグループの中で自分より強い者から排除と阻害を受け、困難に陥る。これが排除の構造、メカニズムである。その意味で強者もすでに敗者であり、強者は常に敗者にならないようにおびえ、不安とストレスの餌食となる。

そして最後に比喩的に私の世界観を述べれば、加減乗除の世界である。足し算引き算の世界は障害者を健常者並に引き上げ、足りないものを足していくという加減の世界観。これに対して私は、割り算掛け算の乗除の世界では、障害者も女性もありのままに存在して、割り算掛け算の世界を創造する。

第七論考　社会が「人」を障害化する

A．狭義の意味と広義の意味の「障害化」

障害に対する見方については、以前のような医学（医療）モデルは影をひそめた。それに替わって今では一般的に「社会モデル」が採用されている。

社会モデルとは、一言でいって、障害はインペアメントと環境との間で成立し、その社会的障壁を除去するためには合理的配慮が社会の責任であり、その合理的配慮の欠如が差別にあたるとしている。

こうして社会モデルに立つと、社会的環境にとっての「社会」とは社会「一般」となり、当該社会の経済構造やそれを成り立たせているイデオロギー的価値観が捨象されてしまい、もっぱら制度政策に収斂されてしまうことになりかねない。合理的配慮をどの程度まで認めるか、あるいは福祉や社会保障をどれだけ充実するかなどに政策的重点が置かれ、当該経済社会の構造や価値論に踏みこむことがおろそかになってしまうことになりかねない。政府や民間事業者に要求することにより一定政策は前進するものの、もちろんそれは必要なことであるが、他方問題は当該経済社会の構造や価値論に対しては根源的批判には向かいにくい。なぜなら、社会「一般」とは、その当該社会が依って立つところの価値論や観念はイデオロギーとしてではなく、一般的普遍的観念（常識）として人々に受け入れられているからである。

ところで「障害化」には狭義の意味の障害化と、広義の意味の障害化がある。狭義の意味の障害化とは、戦争や公害、労災や交通事故が原因で人災的に惹き起こされるインペアメント（障害）のことであり、広義の意味の障害化とは、本論考で扱う「社会が『人』を障害化する」という意味のことである。この場合の「人」とはすべての人のことを意味し、障害のない人も含めたすべての人のことで、なぜなら社会的存在としての人間が同じ当該社会の価値体系の中に包含されているからである。まさにその価値体系が問われなければならない。

B．人間関係が障害をつくる

1　分離された「空間」と健常者の「第三者性」を問う

まず、文章を感動をもって読んでいただきたい。それは昨年春、私にネットで送られてきた文章である。


きいちゃんという女の子は、手足が不自由でした。

そして、いつもうつむきがちの、どちらかというと暗い感じのするお子さんでした。

そのきいちゃんが、ある日とてもうれしそうな顔で、「山元先生」と言って職員室に飛び込んできてくれたのです。

「お姉さんが結婚するのよ、今度私、結婚式出るのよ。ねえ、結婚式ってどんななの、私どんな洋服着ようかな」と、とてもうれしそうでした。

「そう、良かったね」と、私もうれしくなりました。

ところが、それから1週間もしないころ、今度はきいちゃんが教室で泣いている姿を見つけたのです。

「きいちゃんどうして泣いているの」と聞くと、

「お母さんが、結婚式に　出ないでって言うの。私のことが恥ずかしいのよ。お姉ちゃんばっかり可愛いんだわ。私なんか産まなきゃ良かったのに」

とそう言って泣いているのです。

きいちゃんのお母さんは、お姉さんのことばかり可愛がるような方ではありません。どちらかというと、かえってきいちゃんのことをいつも可愛がっておられて、目の中に入れても痛くないと　思っておられるような方でした。

けれどもしかしたら、きいちゃんが結婚式に出ることで、例えば障害のある子が生まれるんじゃないかと思われたり、お姉さんが肩身の狭い思いをするんじゃないかというようなことをお母さんが考えられたのかなと、私は思ったりしていました。

きいちゃんに何と言ってあげていいかわかりませんでしたが、ただ、結婚式のプレゼントを一緒に作ろうかと言ったのです。

お金がなかったので、安い晒（さら）しの生地を買ってきて、きいちゃんと一緒にそれを夕日の色に染めたのです。

それでお姉さんに浴衣を縫ってあげようと提案しました。

でもきいちゃんは手が不自由なので、きっとうまく縫えないだろうなと思っていました。

けれど1針でも2針でもいいし、ミシンもあるし、私もお手伝いしてもいいからと思っていました。

けれどきいちゃんは頑張りました。

最初は手に血豆をいっぱい作って、血をたくさん流しながら練習しました。

一所懸命にほとんど1人で仕上げたのです。

とても素敵な浴衣になったので、お姉さんのところに急いで送りました。

するとお姉さんから電話がかかってきて、きいちゃんだけでなく、私も結婚式に出てくださいと言うのです。

お母さんの気持ちを考えてどうしようかと思いましたが、お母さんに伺うと、「それがあの子の気持ちですから出てやってください」とおっしゃるので、出ることにしました。

お姉さんはとても綺麗で、幸せそうでした。

でも、きいちゃんの姿を見て、何かひそひそお話をする方がおられるので、私は、きいちゃんはどう思っているだろう、来ないほうが良かったんだろうかと思っていました。

そんなときにお色直しから扉を開けて出てこられたお姉さんは、驚いたことに、きいちゃんが縫ったあの浴衣を着ていました。

一生に1度、あれも着たいこれも着たいと思う披露宴に、きいちゃんの浴衣を着てくださったのです。

そして、お姉さんは旦那さんとなられる方とマイクの前に立たれ、私ときいちゃんをそばに呼んで次のようなお話をされたのです。

「この浴衣は私の妹が縫ってくれました。私の妹は小さいときに高い熱が出て、手足が不自由です。でもこんなに素敵な浴衣を縫ってくれたんです。高校生でこんな素敵な浴衣が縫える人は、いったい何人いるでしょうか。　妹は小さいときに病気になって、家族から離れて生活しなければなりませんでした。

私のことを恨んでるんじゃないかと思ったこともありました。

でもそうじゃなくて、私のためにこんなに素敵な浴衣を縫ってくれたんです。私はこれから妹のことを、大切に誇りに思って生きていこうと思います」

会場から大きな大きな拍手が沸きました。

きいちゃんもとてもうれしそうでした。

お姉さんは、それまで何もできない子という思いできいちゃんを見ていたそうです。でもそうじゃないとわかったときに、きいちゃんはきいちゃんとして生まれて、きいちゃんとして生きてきた。これからもきいちゃんとして生きていくのに、もしここで隠すようなことがあったら、きいちゃんの人生はどんなに淋しいものになるんだろう。この子はこの子でいいんだ、それが素敵なんだということを皆さんの前で話されたのです。

きいちゃんはそのことがあってから、とても明るくなりました。

そして「私は和裁を習いたい」と言って、和裁を一生の仕事に選んだのです。

「養護教育の道に生きて」山元加津子（石川県立小松瀬領養護学校教諭）『致知』１９９７年11月号　特集「一道を拓く」より

これを読んで、私も感銘をうけた。じーんとくる話である。しかし、ただ感動で終わってよいのかということである。この現実の物語性をそもそも成り立たせている背景、その客観的諸条件とはいったい何であるかであり、そのことを私たち自身の問題として捉えなくてもよいのであろうかということである。

問題の所在のひとつは、育ち・学び、大人になっていく過程で障害児と健常児が、障害者と健常者が双方に分離された「空間」、特別支援学校や学級、障害児のための放課後デイサービス事業、「地域の缶詰」と私が称する障害者だけを集めた地域通園施設、要するに、このように分離された「空間」が障害者（きいちゃん）を「異邦人」に仕立て上げてしまう。こうした人間関係のもとに「障害化」されるのである。

二つ目の問題は、感動した「あなた」も、実は母親が懸念してきいちゃんを披露宴に出させないようにさせてしまった存在、すなわち披露宴の「客」でありえたのではないかということである。自分自身も、気づかないうちに社会的に排除する側の一員であったかもしれないということである。その自覚が重要なのである。

2　「支援」から「共に」へ

この一文は、本田美和子、イグ・ジネスト、ロゼット・マレスコッティ氏が日本に紹介した『ユマニチュード入門』（医学書院）を参考にしたもので、その哲学と技法を認知症の高齢者のケアに限定することなく、いわば共同連的な理念と実践に即して読み換えたものである。その核心が、「支援」から「共に」への哲学である。

この立場は、障害者を政策の対象として限定的に「支援」する今日的な施策ではなく、「共に」の哲学に収斂させた意想と方法に他ならないものと言える。なかでも重要なのは、「その中心にあるのは『その人』ではありません。ましてやその人の『病気』ではありません。中心にあるのは私とその人との『絆』です。」である。これがユマニチュードの核心である。

アフリカのフランス領マルティーニタ島の出身の詩人である政治家であったエメ・セゼールが、1940年代に提唱した、植民地に住む黒人が、自らの「黒人らしさ」を取り戻そうとした活動「ネグリチュード」にその起源をもつ。その後1980年にスイス人作家のフレディ・クロプフェンシュタインが思索に関するエッセイと詩の中で、〝人間らしくある〟状況を、「ネグリチュード」を踏まえて「ユマニチュード」と命名した。

さらに、さまざまな機能が低下して他者に依存しなければならない状況になったとしても、最期の日まで尊厳をもって暮らし、その生涯を通じて〝人間らしい〟存在であり続けることを支えるために、ケアを行う人々がケアの対象者に「あなたのことをわたしは大切に思っています」というメッセージを常に発信する、つまりその人の〝人間らしさ〟を尊重し続ける状況こそがユマニチュードの状態であると、1995年に、イブ・ジネスト、ロゼット・マレスコッティの二人が定義づけた。これがユマニチュードの誕生である。

そこからつまり、「ケアする人は環境の一部」「ケアをしている私とはどんな存在なのか？　そしてケアを受けているこの人はどんな存在なのか？　と問いかけることから、その関係づくりを始めます。」となる。「ユマニチュードを支えるもう一つの根源的な問い—『人間とは何か』」であり、「ユマニチュードは自分も他者も『人間という種に属する存在である』という特性を互いに認識し合うための一連のケアの哲学と技法です。」というものである。

私たちは、この哲学を、認知症の高齢者のケアに限定する必要はないであろう。福祉社会から共生社会へ、さらには世界観と社会観、人間観に、つまり共同連的な理念と実践にそれをひきつけることであろう。だから、福祉制度を使っても「福祉」を否定する。支援制度であっても、「支援」を否定する。それが70年代からの私たち共同連の基本理念と実践のレゾンデートルである。

要するに、「支援する、される」関係ではなく「共に」の関係である。

人権を尊重しながらも、主体と主体が個人主義的に対象化し、対立化し合う関係ではなく、むしろ主体と主体を共有しあう関係としての世界観、社会観、人間観を創造していくことであろう。もちろんそこには依存や従属関係は存在しない。仮にそのようなことが発生するとしたら、それは個人主義に起因するのではなく、むしろ利害と対立を生みだす経済的、社会的、制度的構造に問題があるということであろう。

いつの世も、プライベートのレベルではいざこざは絶えない。

C.「障害」は社会概念であって、自然概念ではない

自然概念とは「自然界における動物としての行動能力の制約や、知的、精神的判断能力の制約」であって、自然的生物学的実態にすぎない。目が見えない、耳が聞こえない、歩けない、判断しにくいは非制約的状態である。これに対して、社会概念とは、人間は「社会-内-存在」であって、社会的動物、社会的存在である。類的存在なのである。

障害とは、自然概念（自然的実態）に対して、社会概念（社会的価値と関係）がそれを規定する。すなわち、社会的「価値と関係」が障害の原因であり、障害を成立させる。比喩的にいえば、作家の吉

岡忍氏がこう説明している。東日本大震災はそこに人や家があったから大震災になったのであり、もし人も家もそこになかったら、それはただの大津波の自然現象にしかすぎない、と。

それでは、社会的「価値と関係」とはなにか。社会的価値は基本的には経済によって規定される。マルクスが言うように、人間の意識が彼らの存在を規定するのではなく、逆に、社会的存在が彼らの意識を規定するのである。したがってそれは、抽象的な社会「一般」に還元されることなく、具体的かつ現実的な実態としての社会そのものである。それは言うまでもなく、近・現代の資本主義経済社会そのものである。

D．搾取からの解放と労働力商品の廃絶と止揚

資本主義を資本主義たらしめている物質的諸条件の根本問題は、生産過程において人間労働を労働力に変え、本来商品にはならないその労働力を商品にしてしまったことであり、同時に、その交換過程においても外面的には形式的等価交換を装い、実質的には不等価交換をその内側に隠ぺいして外見上合理的な経済を成り立たせている。資本主義は、実質の不等価交換を内在させて形式的には等価交換の内にそれを隠ぺいさせた、歴史的にも「完成」された合理的経済なのである。

つまりもう一度繰り返せば、賃金と労働力との交換関係が等価の関係として装うことを可能にし、その等価交換は形式的かつ外見上の等価であって実質的には不等価交換になっている。これこそが一見、等価交換という合理的経済に基づいた労働力商品の資本主義的生産様式における根本矛盾であるといえる。等価交換によって成り立っている商品市場経済も、実は労働力商品の下では不等価交換を

内在的に存在せしめているのである。形式的等価交換、実質的不等価交換の下では賃金より利潤の方が拡大し、相対的貧困や格差、社会的排除を結果として生みだしていくことになるのである。

その商品市場経済が、社会を全面的に支配する歴史的にも特殊で固有な一段階の資本主義経済社会を成立させた。しかしながら一見このように合理的ともみえる経済も、その矛盾は恐慌という形で現れたり、また社会の内部に格差と排除を生みだすといった結果も露呈するのである。

資本主義とは生産するものすべてが商品であり、利潤追求の資本増殖を目的にした生産、商品市場経済である。そして、資本主義経済の内在的基本矛盾は、本来商品にはならない労働力までも商品にしてしまったことに他ならない。労働力はすなわち労働力商品であり、人間労働が労働力として商品化されたのである。

では労働力商品とは何か。資本家（経営者）と労働者の間で賃金を通して労働力を売買することである。それは同時に、搾取の構造でもある。収奪（年貢）やピンハネ（ごまかし）は可視化できるが、搾取は経験的にも可視化できない。なぜなら、搾取とは、完結した労働疎外としてその疎外すら意識されない状態におかれること、であるからである。これが疎害の哲学的世界観である。と同時に、それは倒錯論としての物神性論にも深く関わってくる疎外現象である。

例えば、時給800円でハンカチを1時間に2枚生産するとする。8時間で6400円、16枚のハンカチを生産することになる。ところが百貨店でハンカチ1枚に800円の値札がつけられて、16枚売れるとする。売上は12400円である。すでに賃金（必要労働）として6400円が支払われており、その他諸経費例えばそれを3400円と見込むと、資本家（経営者）の手元に3000円が残ることになる。これが労働者の剰余労働、剰余価値、利潤に転化したものである。労働者は、1日働いて帰宅途中に一杯飲んで満足する。

また、商品としてのハンカチは必ず売れるとは限らない。そのことを佐藤優氏は『いま生きる「資本論」』の「商品は貨幣を愛する」のなかで、「カネがあればいつでも商品になるけれども、商品があっても必ずしもカネになるとはかぎらない、とマルクスは言います。」と書いている。さらに続けて、「商品は貨幣を愛する。」「商品がいくら貨幣に熱をあげても、しばしば商品の片思いに終わるものだ、というわけです。商品が貨幣に代わることは、いつだって命がけの飛躍、とんぼ返りみたいなものだ、ともマルクスは指摘しています。」というように、商品は貨幣に失恋することもあると留意しておかなければならないであろう。

1時間にハンカチを2枚生産する労働力を、私は「健常者の平均的労働能力」といい、マルクスは、これを、「社会的平均労働量」とした。ここで一言付け加えておけば、マルクスのこの「社会的平均労働量」も、『資本論』においては、織物職人が一時間に上着を一着生産するのに対して、蒸気織機の機械によって一時間に2着の上着を生産することとなって、したがって誰もが労働者として一般的に労働することが可能になったのでもあるが、機械的生産によってそれまでの熟練労働は単純労働にとってかわられるのである。なおこれに対して、重度の障害者は、1時間に1枚かそれ以下のハンカチしか作れない現実がある。すなわち搾取の対象にすらならない。自らの労働力を商品として売ることができない、雇われない。

この状態、事実を自然現象とみるか、経済現象とみるか。自然現象と見るならば、能力の低い重度の障害者が雇われないのは「能力」の問題に帰する。しかし経済学としては重度の障害者の「能力」は「健常者の平均的労働能力」「社会的平均労働量」、すなわち1時間にハンカチを2枚生産する労働力に原因を求める。「能力」がないから雇われないのではなく、労働力商品になれないから雇われないのである。雇用労働、賃金労働、労働市場、資本主義的商品市場経済が原因である。

能力が低いことが障害ではない。それを雇わない「労働力商品」が人を半人前として障害化するのである。したがってその解決のための試金石は、「同一労働、同一賃金」でもない、すなわち共生・共働は「同一労働時間、同一賃金（分配金）」であり、労働と労働の等価交換でもない、人間的労働の実質的不等価交換に基づく。

要するに繰り返して言えば、能力が低いことが障害ではない。能力が低いためにその障害者が働くことができないという労働力商品の経済構造にこそ問題の所在があるのである。にもかかわらず、能力が低いために働けないとする「能力」を個人固有の障害と決めつけ、したがってその結果福祉や社会保障の充実、あるいは雇用政策のみにもっぱら問題の所在の解決を求めて、その言論や本質論には目を向けようとしない。あいかわらず政策を本質論にすりかえてしまう。それにより能力を高めるための教育や訓練、それを権利として保障するという「発達保障論」に問題の解決を求めようとするものであって、結局、原論や本質論からは逸脱してしまうこととなる。もちろん現実政策においては当然さまざまな政策がとられなければならないのは言うまでもないが、しかしそれはやはり原論でも本質論でもない。いわばそれは、国・行政が障害者の発達を保障すべきとする公的責任論であり、またすべてを「発達保障論」に還元させてしまうことになるのであるが、それはいかがなものであろうか。発達のために、健常児から障害児だけを分離して一ヶ所に集めた場（空間）のほうが障害児はより発達するという、日本共産党系の全国障害者問題研究会の「発達保障論」。とどのつまり、障害者の労働問題も権利保障の観点から福祉や社会保障の充実、そしてさらにそれを雇用政策の対象としてしか理解しようとはせず、科学としての経済学『資本論』の対象にはしないのである。要するに、言論や本質論においても経済学『資本論』にまでそれを高めようとはしない。いやむしろそれさえもなく、ひたすら障害者の労働問題を福祉や雇用の政策の対象としてしか理解できず、その限界を認識することなく経済外的外部からそれを保障しようとするのが精一杯というところである。そのため、国・行政を批判して制度政策の要求運動にもっぱら専念することとなる。そこには決してオルタナティブなもう一つの創造性というものもうまれてこない。資本主義の延長線上をみるだけである。

以上が私のコペルニクス的展開の理論である。私のこの論理は飛躍して映るかもしれないが、しかし本質は日常生活、現実の中にあって、それ以上でもそれ以下でもなく、本質・原論は常に現実（実態）から離れては存在しえない。もしそのようなことがあるとしたら、それは観念論か宗教であろう。

E．立場と関係性、役割労働

重度脳性マヒ者AとA′

重度脳性マヒ者Aは、レストランのウェイターとして働いていた。働いていたと言っても、せいぜい電動車いすに備え付けたトレイに水やドリンクを載せて客に運ぶ程度であった。それが彼の仕事であった。一方、別のウェイトレスはいろいろな品物を手際よく運び、忙しく走り回っていた。二人の給料はほぼ同じ。当然ウェイトレスはAに対して不満を持っていた。経営者に抗議をし、賃金に差をつけAに支払う分の一部を自分に渡すよう要求した。

次にA´の場合はどうなるのだろうか。

A´は、電動車いすに備え付けたトレイに水やドリンクを載せて客に運ぶ程度であった。それが彼の店での仕事であった。一方、ウェイトレスはいろいろな品物を手際よく運び、忙しく走り回っていた。ウェイトレスはもう少し給料が上がればと期待しながらもA´には不満をもっていなかった。なぜなら、A´はレストランの経営者、オーナーである。

レストランの所有者はだれか。労働は誰のものか。

Aは雇用労働者、A´は経営者・オーナーであり、Aとウェイトレスは同僚、A´とウェイトレスは雇用関係という立場の相違がある。

ウェイトレスはAに対して不満を持つが、A´にはそれがない。その違いは何か。

レストラン内でのAとA´は同じ仕事しかしない。このように、立場と関係、またレストランという生産手段を誰が、どのような形態で所有しているかの所有論の問題にも深くかかわってくる。

次に東田直樹著『風になる』（ビッグイシュー日本）を取り上げたい。この本は重度自閉症のメルヘンの世界を詩的、哲学的に描いたようなもので、彼の経験がまるで詩のように私に語りかけてくる。その中の「働く、あなたは必要な人と認めてもらうこと」を引用しよう。

働く、あなたは必要な人と認めてもらうこと

働くことは、自分の存在意義を認めてもらうことだと感じています。あなたは必要な人だと、誰かに言ってもらうことなのでしょう。

障害者はみんなのように働けないから遊んでいる、と思っている人がいるのを僕は知っています。何もしないでいることや自分が必要とされていないのが、どんなに寂しく悲しいことか、わかってもらえないのでしょう。

働くことは本当に大変だろうし、たくさんの苦労があると思います。毎日必死で働いている姿は、とても立派です。そのような人たちのおかげで、僕の生活も成り立っています。

僕は働いている人が、うらやましいです。社会の一員として世の中の役に立ち、自分の力で生きている人を尊敬しています。

働かなくても生活できるなら、それでいいのではないかと思う人もいるかもしれません。

どうして働きたいと思うのか。それは、働けるのに働かないのと、働けないのとは、まったく違うからではないでしょうか。たとえ障害者であっても、みんなのように働きたいと考えています。なぜなら、働くことは、誰にとっても尊いことだからです。

働けない障害者もただ遊んでいるわけではありません。いつも自分と向き合い、毎日を一所懸命に生きています。

障害者にとって、自分ほど当てにならないものはないのです。みんなが当たり前にやっていることに時間がかかったり、普通の人には考えられない問題で悩んでいたりします。自分自身が情け

ないと思うし、落ち込みます。挽回するチャンスも少ないので、いつまでもそのことから逃げられないのです。
見た目では人の心の中はわかりません。
仕事と向き合うのとおなじように、自分自身と向き合うのは苦しいことです。

次に、労働に関する私の文章を読んでいただきたい。その考えは彼と同じである。

労苦と労働を越えて（未来経済学ノート）
共同連が労働を通じたソーシャルインクルージョン（社会的包摂）を強調すると、「人は働かなくてもいい。働くことがすべてではない。自分らしく生きることが大切」と反論する人がいる。確かにそうかもしれない。しかし人は霞を食っては生きていけない。また、その真意は、働ける者だけが一人前で働けない者は半人前という世間一般の常識に対するアンチテーゼでもあるかもしれない。それも然りである。働けない者が人間として劣っているわけではない。自己実現には多様な選択がある。
しかし一見、この悟りともいえる実存主義的な哲学とは一体何であろうか。小林秀雄が書いていたが、今の若い者は世の中を捨てたというが実は世の中に捨てられているのだ、と。
労働の権利を保障できない国は、それに代えて生存権保障としての最低所得保障制度の措置を講じなければならない。しかしその根底には、国や世間はそもそもそれらの人に対して自然的生物学的に「働けないもしくは劣っている」という認識があり、だからといってそれをそのまま放置しておけないから、その前提に立って、新自由主義者は「温情主義」の立場をとり、福祉国家論者は「連帯主義」の公的責任論の立場をとる。いずれにしても、公的扶助（生活保護）は「劣等処遇の原則」に基づき、スティグマは免れえない。だから世間は、「あの人たち」と表現する。マルチン・ブーバーの哲学を想起させる。社会保障論を信じるか、もしくは世間を疑うかでしかない。

未来経済学の立場に踏み込めば、人間は、労苦からの解放と労働する解放を同時に獲得する。労苦は、『モダンタイムス』のチャップリンのベルトコンベヤーに座る姿、大手T自動車会社の下請け会社ではベルトコンベヤーから離れたトイレの時間のカウントなど、ブラック企業だけがブラック企業ではない。

労働力商品という特殊な商品は他の商品と違って、工場の中では生産されない。それは消費生活においてである。工場で消費される労働力は、安全安心のアメニティの生活の中から生産され、安全安心のアメニティの工場で消費される。両者はアメニティにおいてこそ実現されなければならない。それが、労苦からの解放と労働する解放の同一性である。

人間は、自然法則を変えることはできず利用するだけで、一方、経済法則は恣意的には変えられないものの自然法則と違って変えることはできる。それゆえ、労働力商品の「価値法則」を総括することはできる。未来経済学においては、朝に釣りをし夕べには狩りをするというまでには至らないまでも、すべての人に職業選択が限りなく可能になれば、重度の障害者もそれにしたがってみな、自己実現としての人間的労働を通じた豊かな生活を営むことができる。

最後の「朝に釣りをし、夕べには狩りをし」という文言は、マルクス、エンゲルス著の『ドイツ・イデオロギー』の一節を念頭に書いたものであるが、廣松渉によればこれはエンゲルスの文章であるが、それがいささか夢物語でもあるにせよ、このように職業選択の自由はきわめて重要な意味をもつ。１９７９年に共著『障害者と職業選択』（三一書房）で、私は、労働力商品の止揚により健常者の平均的労働能力が超克されて、一般的にだれもが職業選択の自由度を高め、それによって重度の障害者も同時に労働する機会が保障されることを不十分ながらも明らかにしたつもりである。

すべての人間が職業選択の自由を全面的に獲得し、それが社会的に保障されれば誰もが未熟、不慣れな状態でも、好みに合った仕事に就くことができる、という世界は、重度の障害者にもそのレベルで働くことが可能だということになる。

『ウィリアム・モリスのマルクス主義』には、財産の相続とともに、賃労働の制度が廃止され、その上でモリスは、労働の喜びの復権の下での、職業選択の自由を強調している。「漠然とした原始の時代から、初期の歴史的に未開な時代に脱け出て、我々は労働における喜びを体得する。それは新鮮な刺激を伴い、十分に必要性のある職業に我々を導く。こうした、必要な労働の楽しみへの転換から、一定の芸術が最終的に誕生するのである。労働の喜びの表現は、労働の芸術化に集約されている」。

次に、『障害者と職業選択』の中から私の詩を紹介したい。

新聞を破ろう　――私が出会った少年、H君へ――
眼を細めて
「精薄児」と呼ばれても
少年はきっと
い、
彼らを
「超人」とも「賢者」ともよばないだろう
少年は新聞を破ることが好きな
「精薄児」ではない
少年は新聞を破ることが好きな
「超人」ではない
少年は新聞を破ることが好きな
少年である

新聞は
印刷されて
配達されて
読まれて
破られて
一生を終える

新聞は「超人」も「精薄児」も意識しない

少年よ
きみが好きな
新聞を破ることは
職業ではない
けれども少年よ
それを職業に変えることはできる！
もし彼らが「超人」で「賢者」であるなら

だから少年よ
それまで
彼らが成長するまで
新聞を破いていよう

この詩は、私が養護学校のスクールバスの添乗員をしていた時に出会った、重度の知的と身体の重複障害を持つ中学部2年のH君について書いたものである。H君は新聞を破るのが大好きで、将来それが仕事になればと願望して書いた詩である。ところが驚いたことに、実際に、アメリカの地方都市で紙を切るのが大好きな障害者がいて、コミュニティマガジンの残部処理に彼が寄与しているというのである。鋏でそれを切って賃金を得ているという話を数年前に聞き感激したことを覚えている。

また、2013年11月に台北市で開かれた第4回東アジア障害者交流大会（韓国、中国、フィリピン、ベトナム、台湾そして日本の6か国）では、台湾の財団法人勝利台北心障礙潜能發展中心と事前に交流し、その財団は多くの仕事起こしをして庇護工場や社会的企業を経営している。中でもファミリーマートを4軒経営していて、そのうちの1軒に新北市のファミリーマートがある。

そこでは16人が働き、9人が障害者で7人がそうでない人。障害のない人だけが深夜も働き、障害者はその深夜業務は免除されている。9人の障害者のうち品物の運搬や品ぞろえは知的、精神障害者が行い、レジは身体または聴覚障害者が行うという仕事の役割分担をしていた。

この程度なら私もさほど驚きはしない。ところが店の中に入ったとたん、女性が入り口に立って大きな声で何かを言ってきた。中国語なので何を言っているかわからなかったが、それは接客挨拶であった。彼女は中度の知的障害を持つ従業員である。

このような働き方のケースで私が何よりも強調したいのは二つ。一つはそれぞれの人に合った「役割労働」であり、全体の組織的仕事を細分化して、その人に合った仕事に再構成して作り出すということである。仕事に障害者を合わせるのではなく、障害者に仕事を合わせるということである。

二つ目は、利潤を追求した民間営利企業ではできないこと、つまり入り口で客相手に一人を配置することがどれほどの売り上げにつながるかわからないが、一人の仕事を確保するために彼女を従業員として受け入れたことである。非営利の社会目的を持った企業であればこそ可能なのである。

いずれにせよ、労働力商品の廃絶とその止揚を原理とした共生・共働の社会は、なにも労働分野に限定されたものではない。互酬性、相互扶助、連帯の経済は、開かれた共同体思想に支えられたゆたかな「共民社会」、障害者が一人の解放された人間になる社会なのである。

第八論考　「障害」概念の再考

障害とは、障害者とは一体何であるかについてはその概念においても、これまでにさまざまな角度から検討がなされてきた。歴史的観点からも同様である。

最近知人から『障害学のリハビリテーション』（生活書院）を薦められて、読む機会を得た。というのも、私が現代書館から出版した『はじめての障害者問題』に関連した内容が含まれていると指摘を受けたからである。２０１３年8月31日、偶然同じ出版日の本であった。私は視覚障害者なので対面朗読サービスで読むために、時間も労力も相当費やした。

以上のいきさつから、『障害学のリハビリテーション』を参考にして障害の概念を整理した上で、私自身の見解を再確認してみたいと思った次第である。拙著『共生社会論』（現代書館）の第1章「障がい社会科学」の中で今日的な障害の概念を精査したが、もう一度検討してみたのである。

1　障害者に「　」をつけるか否か

私にとって、いわば障害ないしは障害者の概念についてはおよそ40年前まで遡る。60年代後半からの当時の政治社会運動の挫折から、人間解放から障害者解放への具体的な取り組みに偶然足を踏み入れることになり、まさに70年代障害者解放運動を担う末席に身を置くこととなった。

こうした時間軸であるから、資本主義体制を打倒し、ソ連型社会主義とは違った理想の社会主義社会への体制を標榜していたのである。思想論的にも運動論的にも、時代的には、障害者の解放は体制論として認識された。あるべき理想の社会体制になれば、障害者も人間として解放されるというものであった。それが当時の障害者解放論とその運動である。

このようなイデオロギー的認識からは、障害ないしは障害者は資本主義体制の下で「障害者」とされる。障害ないしは障害者は資本主義体制によって作り出されるとした。それゆえ、「障害」は社会「一般」ではなく資本主義体制、つまり「体制論」として認識したのである。資本主義「体制」そのものが問題であった。

したがって、「体制」を変革ないし革命することによって、障害者は「障害者」でなくなり、一人の解放された人間となることができる。要するに、原因は「体制論」であった。だから、障害ないしは障害者に「　」をつけたのである。ただ当時は、ビラを書くのも機関誌を発行するのもガリ版刷りであったため、わざわざ「　」をつけるのは面倒だということになり、しばらくたってから「　」をつけるのをやめた。

ここで一言ふれておかなければならないことは、私にとってのバイブルでもある青い芝の会の「行動綱領」が意味するところは、私の解釈では、社会主義社会も所詮「健全者社会」にすぎないというラディカル性にあったということである。といって、私は立ち往生するわけにはいかなかった。たとえ告発糾弾闘争が主眼であったとしても。

しかしながら、私の40年ほど前のそのような基本認識は、今も変わっていない。障害者に「　」をつけようがつけまいが、ひらがなで書こうが書くまいが、また体制論であろうがなかろうが、それを今表現するとしたら、要するに「社会が『人』を障害化する」という意味、それが障害の概念なのである。

2　『障害学のリハビリテーション』をてがかりに

本書は大変意欲的な内容であった。書名は『障害学のリハビリテーション』となっているが、『障害学をリハビリテーション』とすべきところであろうと思われる。しかしそれではあまりにもストレートすぎてハレーションを招きかねないと考慮して著者たちは控えめな書名にしたのではなかろうか。本書を私なりに要約すると、障害の概念は次のようになる。

①　医学（医療）モデル

障害は障害者がもつインペアメントに起因しているので、そのインペアメントは障害者がリハビリテーションによって個人的に解消すればよいことになる。障害は、身体的、知的、精神的な機能喪失から生ずるインペアメントにのみ由来する。

②

障害学の社会モデル

社会モデルとは、インペアメントと、そして社会やコミュニティの側で適切な配慮が欠けるために生じる不利益や障壁となるディスアビリティとを区別することにあるという。しかし私は、インペアメントとディスアビリティの関係の把握は認識論に留めておくべきであって、両者をいったんかつ本質的に明確に区別することが肝要で、後で述べるように、双方向からの関係にではなく社会がインペアメントに対して一方向から作用するものであると、それをさらに的確に説明すべきであると考える。

説明では確かに、障害が社会によって生み出されているとする障害の社会モデルでは、障害者が被る不利益はインペアメントのみによるのではなく（「のみによるのではなく」に私は注意）、そのインペアメントを持つ人が不自由なく社会参加して生きていく上で必要な配慮（スロープや手話通訳）を社会が提供しないためでもあるから、社会にその不利益の解消をする責任があるとしている。したがって、障害の社会モデルは、障害者に対して配慮を提供する責任を社会やコミュニティの側に求めることになるというのである。

障害者に対して問題や障害を抱え込ませた原因は、社会のしくみの側にあるから、それを補てん（「補てん」に私は注意を喚起）する責任が社会の側にあって当然であるとする。

障壁に対する配慮として、たとえばスロープや手話通訳を事例にあげているが、それは誰にでもわかりやすいからかもしれないけれども、しかし私はそこにこそかえって問題の危うさを感じる。単なるわかりやすい事例というよりは、むしろ「補てん」にみられるような、つまり「補てん」できる障壁への配慮に傾きすぎていることこそ、そしてその責任論に入り込み過ぎていることこそ、障害学の社会モデルに限界があるといわざるを得ない。

それは、「体制」としての社会的価値論が欠落していると言えるのではなかろうか。たとえば試験会場へのバリアフリーや点字試験の実施の事例は誰にも納得できるにしても、仮に、公務員試験に不合格にされた知的障害者の点数に「補てん」することを著者たちは認めるであろうか。価値論が問題なのである。

③ 米国の社会モデル

米国ではゾラのような、障害を社会の偏見的タイプとして捉え、障害問題を結果ではなく機会の不平等問題、すなわち差別問題として扱う。

④ 英国の社会モデル

英国ではオリバーのような、障害を制度的障壁と捉え、障害問題を機会と結果の不平等問題として扱う。障害学の社会モデルは、障害をインペアメントという個人的な次元と、ディスアビリティという社会的次元とに切り離すことによって、社会的責任の範囲を明示したものであるとする。オリバーは唯物論の立場から、人間は環境の産物であり、障害（障壁と不利）はインペアメントではなく社会（資本主義）に原因するとした。同じ唯物論者の私としてもオリバーの思想とかなり同じくしていると思われるが、はたして資本主義的価値論をどこまで分析しているかが気がかりである。例えば障害者にとっての労働問題一つをとりあげ、資本主義批判が、搾取からの解放だけの健常者問題と、搾取の対象にすらならない重度の障害者問題とにおいて、経済の「価値法則」をどこまで理論化しているかである。それをアウフヘーベンしない限りは、障害者の労働問題は根本的に解決できない。価値論を抜きに障害（障壁と不利）を論じても、不十分である。賃金とは原則、労働者の労働力を再生産するための生活費の価格であるから、その価格に見合った賃金を前提にした労働能力以下であれば、雇用されないのは当然の帰結となろう。それゆえに労働力商品化の原理を肯定したままで、重度の障害者（特に知的、精神）の労働権保障といっても、むなしいものがある。合理的配慮に欠ける差別といっても、そもそも「合理的配慮」の本質を放棄している限り、それはむなしく響くだけである。

⑤

佐藤久夫氏の統合モデル

佐藤氏のいう「統合モデル」はわかりやすいし説得力もあるように、一般的には思われる。氏によると障害はインペアメントとディスアビリティの相互作用の統合モデルであるという。権利条約については、ＩＣＦの視点で障害の定義が採用されているとしている。

イ　機能障害主因論。インペアメントが参加障害の原因。

ロ　環境主因論。インペアメントのある人が直面する障壁が参加障害原因。

ハ　相互作用主因論。インペアメントと障壁との相互作用が参加障害の原因。

すなわち、イ　医学モデル、ロ　社会モデル、ハ　統合モデルというのである。

しかし、これは、段階論的認識論にたった障害の概念にもなり得て、いわばインペアメント、ディスアビリティ、ハンディキャップのかつての定義を想起させるものである。

3 「障害」概念の論点整理

次に、私は、「障害」概念についての私見を改めて明らかにしたい。拙著『はじめての障害者問題』の「まとめ　今、なぜ障害者解放論か」もご一読いただければ幸いである。

① 概念の把握として、自然概念と社会概念

自然概念とは、「自然界における動物としての身体的行動能力の制約や、知的、精神的判断能力の制約」は、自然的生物学的実態にすぎない。自然概念であるから、社会的価値はなんら発生しない。

社会概念とは、社会が「人」を障害化する。ここにいう「人」とはすべての人をいう。自然的生物学的実態としての「制約者」に対して、当該社会がもつ「価値と関係」がその存在を規定する。

その両者の概念の関係から少なくともいえることは、自然概念としての生物学的実態の「制約者」が非障害者と全く同等になるのはありえず、したがって完全なバリアフリー社会など存在しない。だからといって、社会概念としての社会的存在の人間（障害者）に対して、社会経済の価値総体の変容なしにバリアフリー社会を望むというのも滑稽である。完全か不完全かの二項対立は時として思考停止に陥ることもある。

なお、当該社会とはいうまでもなく現代資本主義社会であって、その歴史的発展過程の変遷も、繊維産業、重工業、エレクロニクス革命による高度情報化及び知識集約型の産業、グローバル経済などというように、それによって障害者（すべての人）に対して社会的価値は変化する。ジェンダー、宗教、文化人類学、そして文明論的価値論も無視できないことはいうまでもない。

自然概念と社会概念は認識論であるから、自然概念に対して社会概念が「社会的実態」としての障

害者（人）を規定する。当該社会の価値総体が規定するのであるから、必然的に、社会「一般」に留まるものではなく当該社会としての資本主義経済社会そのものの分析に向かわざるをえないのは当然である。

② 障害社会科学

それゆえ私は、障害社会科学すなわち社会科学としての障害学ではない「障害学」が、いわば社会的障壁の除去を目的に位置付けることをアプリオリに前提している学問であるかのように思われる。これに対して、障害社会科学は当該社会の価値総体の変容が、障害者の存在論を規定する。だから、当該社会を分析し変革することによって、経済社会を変革することによって、障害者の存在論的価値も変容できるといえるのである。障害学はそこまで責任を持たなければならないと考える。

③ 6つの障壁

障壁には、物理的、制度的、社会的、意識的障壁の4つがあると言われるが、私はそれに、時間的障壁と価値的障壁の2つをさらに付け加える。時間的障壁とは、点字受験の場合触読というハンディに配慮した実質的公平性から1・5倍の時間延長、あるいは車いす利用者のためにエレベーターの開閉時間の延長、また高齢者や障害者のために横断歩道の青信号の時間延長など、タイムバリアフリーのことである。そして、教育や雇用などは価値的障壁に規定されるからである。知的、精神障害者は特に然り。

よって、私はそこでは、アファーマティブアクションの「結果と平等」に向けた積極的政策こそが求められなければならないと考える。

④　自然概念と社会概念としての問題

「障害」は社会概念であって、自然概念ではない。

私が新宿駅のプラットホームから転落して電車にひかれて死ぬのは、私の死は社会問題であるが、エベレストの中腹で足を踏み外して死ぬのは、私の死は社会問題にはなり得ない。

以上が、私の「障害」概念である。

第九論考　共生・共働の魂

世界で最も短い長編小説

のどが渇いた醜い人たちは、もう水を飲む気力さえなくなっていた。確かに昨日までは、頭の中の泉から、キラキラ輝いた透明な水が湧き出ていた。しかしもう、その気力も朽ち果てた。

彼らが住んでいるのは、大河から険しい山を隔てた殺風景な雑草の地であった。あきらめからか、誰一人その険しい山を登って大河に行こうとはしなかった。

それもそのはず、その険しい山にさしかかったところに、かつて彼らと同じ仲間だった人たちの白骨の山が見えたからである。

やせ細った彼らの中に、明らかに彼らとは違うが、しかし彼らと同じくやせ細った、そして美しい目をした若者たちがいた。はたして彼らが一体どこから来たかはだれも知らないし、たずねようともしなかった。

彼らと彼らは、空を眺めていた。その空が、「くー」であった。いつしか彼らに、勇気がわいてきた。一緒にいることの歓喜の「くー」。

一頭の象が現れた。1キロ先の水の匂いをかぎつける、象。鼻を地面に叩きつけた。

やせ細った醜い彼らの一人が、素手で地面を掘り始めた。にこっと笑った彼に、もう一人のやせ細った醜い彼が、そして美しい目をした若者の一人も、さらにもう一人も、地面を掘り始めた。みんな一緒に掘り始めていった。

たくさん掘る者も、少ししか掘れない者も、本当に疲れたかわからないが休み休み掘る者も、一生懸命掘っていった。

頭の中の泉から、みんなの泉のキラキラした透明な水が、静かに、ゆっくり、やさしく、母親のように近づいてきた。

水だ！　この世で一番きれいな水だ！　と、一番やせ細った遠慮深い彼が、うれしそうに叫んだ。これは大河の水よりきれいに違いない！　と、強そうにみせかけた若者が言った。

そして、彼は、一番やせ細った遠慮深いその彼に、お前が先に飲むがいい！　と、やさしくうなずいた。

盲人
深くて暗い大きな穴に、人が落ちてきました。でも、暗いのは関係ありません。その人はまったく目の見えない全盲だったからです。

ドンという音がして、二人めが落ちてきました。引きこもりのニートです。真っ暗だと言って、こわがりました。盲人は両目から義眼を取り出し、二つをぶつけて火花を散らしました。一瞬明るくなって、ニートは少し安心しました。

またドンという音がして、今度は薬物依存者が落ちてきました。アルコール依存者も落ちてきました。二人は暗いと言ってこわがりました。そこで盲人は、また二つの義眼をぶつけて火花を散らしました。

次もまたドンと音がして、シングルマザーやホームレスの人が落ちてきました。盲人はその度ごとに二つの義眼をぶつけました。それでもみんなが暗いと言っておびえていましたので、盲人はあらん限りの腕の振りで、ふたつの義眼をぶつけ続けました。

一筋の光が上に向かって伸びていったのです。

するとなんと、その一筋の光がはしごになったのではありませんか。

馬

二人の親子が田舎道を歩いていました。こどもが馬に乗って、父親が手綱を引いて歩いていました。それを見た村人が、

「親に手綱を引かせて、こどもが馬にのっているとは」と言いました。

こどもが降りて、手綱を引き、父親が馬に乗ることにしました。その姿を見た別の村人が、今度は

「こどもに手綱を引かせて、父親が馬にまたがっているとは」と言いました。

二人は相談をし、馬に乗らないことにしました。二人と一頭がとぼとぼ歩いていると、それを見かけた村人が、

「馬に誰も乗らぬとはなんともったいないことか」と言いました。

二人は一緒に馬にのることにしました。しばらくいくと、

「まあ、二人も乗って、馬がかわいそう」と言いました、
二人は言われるままに馬から降りて、そして二人で馬をかつぎました。二人はヨロヨロ歩いていきました。

橋のところまでくると、二人は馬をうっかり川に落としてしまいました。

馬が乗った車椅子を押しながら、二人の親子は旅を続けましたとさ。

21世紀改訂版『シーシュフォスの神話』

神々がシーシュフォスに課した刑罰は、それはそれは不条理なものだった。やれどもやれどもなんの成果もあがらない、まったく無意味な行為の連続。無益で希望のない労働。これほど恐ろしい懲罰はないと、神々が考えたのだった。

刑罰はシーシュフォスにこのように課せられた。岩をただ積んだ山の頂まで、岩を運び積み上げるというものだった。ようやく山頂に岩を積み上げると、とたんに岩は自らの重みで崩れ落ちる。積み上げても積み上げても、くり返し積み上げても、岩はその重みで山崩れする。

神々がシーシュフォスにこのような刑罰を課したのは、彼が山賊をはたらこうとしたからだという。別の話では、彼が神々に軽率なふるまいをしたから、神々の秘密をもらしたからともいわれている。

しかし、彼にもこんな評価があった。彼は人間の中でもっとも聡明で、もっとも慎重な人物であったというものだ。

崩れ落ちた岩をまた、シーシュフォスは山頂まで運んだ。そしてまた岩は崩れ落ちていく。どこからともなく、一人の盲人が現れ、白杖で岩をさぐった。すると突然、盲人はその岩の陰に横たわった。

車いすの青年がやってきた。岩に横付けした。なにやら大声をだしながら、そしてスキップをしながら、また若い青年が現れて、岩の下に寝そべった。

ストレッチャーが横付けされた。

手話で話しながら恋人同士が、岩を背にして座った。

次から次へと同じような人たちが現れ、岩山の周りを囲んだ。

シーシュフォスの運んだ岩は、次第に山頂に積みあがっていく。山は段々高くなっていった。最後の岩を積み上げたその時、シーシュフォスの目の前には、神々がいた。そしてシーシュフォスは、バッカスから地酒をもらって飲んだ。

人間関係って、な〜に？

東京の大田区でのことだが、住宅地の中に一時的な遺体安置所がつくられていることがわかって、それで住民からの反対の声があがっているというニュースが流れた。この施設は一見倉庫のような民間の建物で、それというのも最近荼毘にふす葬儀所がいっぱいで、どこかに遺体を一時的にも保管しなければならない事情がうまれたということである。

住民の気持ちはよくわかる。もし隣にそんな倉庫ができたら、私も心おだやかではいられない。しかしなぜ、遺体の保管倉庫が近くにあっては困るのか。度胸試しのために一人お墓に行く恐さはわかるとしても、そもそも遺体とは何なのか。魂の抜けた単なる「物体」ではないのか。物体だから焼くことができる。されど、誰の遺体か、誰の物体なのかである。

家族が亡くなれば、遺体にさえすがりつく。物体となった遺体にすら、化粧をする。それではなぜ、大田区の住民は遺体の安置所（倉庫）に反対するのであろうか。彼らが非人間的で、無慈悲な人たちだからであろうか。それはおそらく、見ず知らずの他人の遺体だからにすぎないからであろう。肉親なら泣きくずれる遺体（物体）も、関係のない他人の遺体（物体）なら、不気味さと畏怖の念を抱くのも無理からぬことであろう。

大阪の公園では、こどもたちが遊ぶ声に周辺住民から苦情があがった。こどもたちを遊ばせるなというものであった。

そこでＮＰＯ団体が間に入って、こどもたちと住民との交流を始めた。するとしばらくたって、住民からの苦情はなくなった。それまでこどもたちの声が騒音としか聞こえなかったものが、次第にこどもの「声」として、花子ちゃん、太郎ちゃんの「声」として聞こえるようになっていったのである。交流によって、それまでの騒音がこどもの「声」に変わった。

近所の魚屋に初めて買い物に行ったとき、アサリをビニール袋に入れるのもお釣りを出すのも遅くて、私は幾分いらいらした経験がある。両親と兄、弟の四人家族の店で、その後、弟が幾分判断の能力の低い（あえて言えば軽度の知的障害）青年であることがわかった。それ以来、ゆっくり買い物をする自然体の自分を、私はその店で感じるのだった。

遺体も、声も、動作もすべて、私たちが向き合う「関係」の中に、その意味は隠されている。貧困な関係なのか、ゆたかな関係なのか、それはおそらく私たちが創り出す「関係」そのものなのかもしれない。

働きたい者は共同連にと～まれ！

施設解体の余韻がまだ幾分残っていた頃、療護施設の入所者が二人、職員とともに職業安定所に出向いた。しかし彼らを求人する会社など、あろうはずもない。

ではどうしたらよいかと尋ねると、職安の職員は、職業訓練所に行くしかありませんと答えた。そこで、職業訓練所に足をはこぶのだが、訓練所の職員は思わずびっくり。訓練などできるわけもない。二人の重度の障害者に付き添って行った施設職員にあきれた対応をする。

施設に帰ってきた彼らは、さてどうしようか。「でも、やっぱり働きたい」。

入所者自治会と職員の何人かで協力して、近くに店舗を借りることとした。商品を並べる。彼らが店番をする。

近所の人たちが買い物にきても、品物を手渡すどころか、お金を受け取ることもできない。きつい言語障害で「いらっしゃい」と言っても、「ウォーウォー」としか聞こえない。とにかくにっこり笑えということになる。

客は自分で品物をとり、お金をざるの中に入れる。場合によっては、おつりもとる。その確認だけはする。それで商売は成り立つ。人間関係は成立するのである。重度の障害者がただ座って、店番をするだけでも仕事は果たせる。それが彼らの商法なのだ。

今では障害者も健常者も十数人、各地の物産を店に並べながら、重度の障害者が横たわりながらパソコンで注文や出入りを操作する。働き方や生活も、お互いに心得た者同士の営みである。

亡くなられた共同連元代表の門脇さんは、ＣＩＬ運動の障害者たちとのシンポジウムで、「自立生活って、毎日なにやってんねん？」ときいた。鋭い指摘である。施設から、あるいは家族からの自立は重度障害者にとって大事業である。しかし同じ重度の門脇さんにしてみれば、「毎日なにやってんねん」が、おそらく素朴な疑問であったに違いない。ちなみに、一九七五年の国連・障害者の権利宣言では、同世代（現役世代）と同等の暮らしをする権利を有することが謳われている。それを忘れてはなるまい。

年金受給年齢が取沙汰されている昨今、雇用だけが働き方ではない。前期高齢者の働き方にも、「社会的事業所」を提案してもよいのではなかろうか。私たち共同連の運動と理念は、障害者を越えて広くひろがっていく。

差別社会の外に

私はこれまで、その都度なにかを考えてきた。具体的なファクターに翻弄されながらも、広義のところでは一貫して、しかし私にはそれも漠然としたままで、そうはいってもとにかく一筋の基礎的な概念、課題を模索してきたと確信する。

いつ頃かははっきりしないが、今見えてきたのは、「価値論」と「関係論」であるらしいということだ。つまり、あらゆる事象に対して、「価値と関係の変革」という視点で、その一点で、臨むことになっている。そういう自分を感じるのだ。

無縁社会、孤族、孤独死、孤立死といった社会現象を、差別という切り口から、そしてそれを先ほど述べた「価値と関係の変革」に期待しながら、さらには到達できないであろうその地点まで望みをかけて、現在立っている私の「立場性」でそれを考えてみたいと思うのである。

全国に毎年およそ数百の孤独死、孤立死があるという。死後一ヶ月、死後半年、長ければ死後一年ということもある。一ヶ月、半年、一年はいうまでもなく死んでからの月日で、時間の流れである。

誰にも見つけられずに、過ごした遺体である。誰からも関心をもたれず、白骨化していく遺体のウジだけが見守っている。

死後一ヶ月とは、死後半年とは、死後一年とは、ウジがたかるまでの一年前の、そしてさらにその一年前の……、誰も訪れなかった、関心すらもたれなかった、孤独の、孤立の、ただひとりぼっちの生活があった。

孤独の、孤立の生活は、差別されることはない。差別もしてくれない。せめて差別してくれる人がいれば、毎日いじめにきてくれる人がいたら、ウジ虫に遺体をプレゼントするようなことにはならなかったはずだ。

おもいっきり差別して、いやというほどいじめて、それで無言の抵抗にあって、それで一層差別する、いじめる貴い「価値」を感じて、ウジ虫とも「関係」をもつこともなく、孤独死の、孤立死の前の「生」と、私の「価値」と「関係」のそれとを重ね合わせて、そうすればようやく、私たちは充分満足ができたであろうに。

死後一ヶ月、死後半年、死後一年のウジ虫の餌になった遺体は、私たちの差別社会の外にあった。本当の孤独とは、孤立とは、そんなものだろう。ウジ虫に聞いてみたい、「おまえは孤独だったか、孤立を感じているか」と。

99％の異常

何が正常で、何が異常かはそう簡単ではない。一般的にはたしかに数の多い方が正常で、少数が異常となる。はたしてそうか。そのように数の論理だけをもって決めることができるのか、それほど単純ではない。

とはいえ、先ずオーソドックスに数の論理に従って、何が正常で何が異常かを考えてみたい。落語の中に大変興味深い『一眼国』という演目がある。

これは、江戸で盛んな見世物小屋の話で、客をもっとたくさん入れて大もうけしようとした男が、江戸から西に百里離れたところに、一つ眼の人間が住んでいることを聞きつける。それでさっそく旅支度をして出かけ、目的地に着いて、一つ眼の女の子を発見。連れ去ろうとするが、逆に一つ眼の男たちにつかまってしまう。お白州に出されて、代官から

「こ奴、目が二つある。おもしろい。調べはあとにして、すぐ見世物小屋へ連れて行け」という落ち。

日本では人口の約5～6％が障害者。

では、歴史に残る天才はどうか。ソクラテスやアリストテレス。レオナルド・ダヴィンチ、ゴッホ、ピカソ、そしてシュールレアリズムの画家で有名なダリ、彼など変人の極みだ。天才アインシュタインはどうか、彼は今ではアスペルガーであったともいわれる。韓流ブームのイケメンタレント、彼らは明らかに少数の希少動物。

そこで「価値」の観点から、何が正常で何が異常かを改めて考えてみたい。ヘンな障害者と変わり者の健常者が共に働く「社会的事業所」。

競争とストレス、無関心と偏見、不安と疎外、装いと実像、抑圧と依存、「人並み」の崩壊、「普通」の屈折、他人で処分、大衆のリンチ、シュールレアリズム文学のバイブルともいわれるロートレアモンの『マルドロールの歌』の「手術台の上のミシンとこうもり傘の不意の出遭い」。

正常な狂気が、異常を告発する。大衆・多数を告発する。

こんな小話がある。与太郎といえば、今風にいうと軽度の知的障害者。

「与太郎、いつまでも寝てるんじゃねぇよ。起きて働け」

「起きて働いてどうするんだ。なにかいいことでもあるんか」

「働きゃ、金がもうかる」

「もうかったら、どうなるんだ」

「もうかりゃ、うまいものも食えるし、いいものも着れる。それに、寝たいときにゃ、いつだって寝ていられる」

「じゃあ、おれ、このままでいいよ」

わが方が正常だ。それがオルタナティブというものだ。

◎堀　五、六
◎賢人には語録があるが、私には五、六しかない。
「神は死んだ」とニーチェは言った。私は、二十世紀後半は「哲学は死んだ」と言ってきた。しかし二十一世紀は哲学の復活が……。
◎自分を救えない者は他人も救えない。他人を救えない者は自分をも救えない。
◎問い続けるは社会。問い続けられるのはおのれ自身。
◎情けは人の為ならず。差別も人の為ならず。
◎最後の弱者を無くすには最初の強者を無くすこと。
◎共生は差異と多様性の芸術作品。
◎絶対的幸福はない。幸福は不幸の経験則。絶対的不幸もない。不幸も幸福の経験則。だから、幸福は他人の不幸と同時進行。
◎人間の天敵はウィルスと言われるが、人間の天敵は人間である。

◎絶対の正義は悪行もなす。
◎理論は共感関係の武装の道具。
◎極論は敵を利する。
◎限界は無限を知ることであり、無限は限界そのものである。
◎宇宙の果てても世界の果てても足元にある。
◎リアリズムのない理想は空想論に陥る。
◎未来に歴史を創る者は、過去の真実の歴史を学んだ者に限られる。
◎日米欧の大寒波は北極の温暖化が原因。よりをもどした紐の端にはこぶができる。
◎独裁者になる者は猜疑心の奴隷にもなる。
◎愛国心を無くすには世界を一国にすることである。
◎資本主義のグロテスクは労働力を商品化しただけでなく、貨幣をも商品化した。
◎グローバル経済は南極の皇帝ペンギンを労働者にするまで行きつく。
◎秩序を無政府状態にするのではなく、「無政府状態」をそのまま秩序にする。
◎出自を否定する能力主義（実力主義）は肯定するが、脳力格差を人間の価値論にした能力主義は否定する。
◎共生・共働の理念の身体化。自己変革なしには社会変革は望めない。
◎ポスト資本主義とは、交換の価値とその媒体が一体何であるかを新たに想像・発見することである。

◎ 世界の旅はインドから始まってインドに終わると言われるが、人間の解放も、障害者から始まって障害者に終わる。

我が「行動綱領」

青い芝の会の「行動綱領」は、私にとってのバイブルである。しかし今、21世紀を生きる私にとって、そして共同連の理念と実践に照らして、私はここに、未来志向のもとでその復権としての新たなバイブルを起草する。

行動綱領

一、われらは、共生・共働の世界を実現する。
一、われらは、縦型の格差を否定し、横型の個性的・選択的生き方を肯定する。
一、われらは、シンプルな生活とシンプルな人間関係を求める。
一、われらは、自然人がそうであったように、抑圧社会の差別文明を解消する。
一、われらは、すべての人が希求するものを、われらが希求するものに一致させるべく努力する。
一、われらは、われらの自立主義を確立するためには安易な国主義・依存主義はとらない。
一、われらは、われらよりもっと困難な状態におかれている者が現に存在することを直視し、同胞として彼らと連帯する。
一、われらは、われらを信じ得るわれら自身になることを宣言する。

一、われらは、とどまることなくわれらの解決を求め続ける。

（参考）全国青い芝の会総連合会行動綱領（1975年）

一、われらは、自ら脳性マヒ者であることを自覚する。
一、われらは強烈な自己主張を行なう。
一、われらは愛と正義を否定する。
一、われらは健全者文明を否定する。
一、われらは問題解決の路を選ばない。

津波てんでんこ

ＡＬＳの息子を看病していた母親
その姿は　どこにもない
近所のみんなが逃げ込んだ
避難所に
その姿はなかった

大津波の偶然と

母親の当然と
そして
生きている私の必然とを
陽光に輝きはじめる
無責任な
三陸の海は
私に
問い続けるだろう

（2011年4月4日）

がれき

大津波が残してくれた
私たちのがれき
がれき以外のすべてを
奪っていった
無慈悲な大津波

それでも残してくれた

私たちのがれき
がれきが言う
治の家
勝次の塀
まさみの松
駄菓子屋の柱
残してくれた生活の匂い
がれきの慈悲が
私たちに話しかける

日に日に
がれきが消えていく
すべてが平坦で
がらーんとした空間に
カモメだけがキーキー
大津波が残してくれた
せっかくのがれき

生活の証拠
それさえもまた取り去っていく
復興という名の
無慈悲な未来
（２０１２年４月４日）

神と人間

おれは迷う人間がだいすきだ
だから
神がきらいなのだ

２０１１年３月11日
午後２時46分を
もう一人のおれと酒をのみながら
沈黙する
それから
世界を重ね合わせる
だが

おれはそれを吐きだす
そしてようやく
おれは反芻する

動物は戦争はしない
だが救済もしない
人間は戦争はする
だが救済もする

神は人間に試練を与え
神は人間を罰する
不完全な人間を創った
絶対精神　神
罪はその神の落ち度にある

おれ自身を選ぶことは
時には
神を裏切ることだ

神か　おれか
その不遜はすでに
神は不在　と告げる

だから
「在る」ことは偉大なのだ
在り続けることは
もっと偉大なのだ
天上ではなく
地べたに
それが「覚悟」である

はさみでパッチン

パッチン　パッチン
はさみでパッチン

一本　二本

（2013年4月4日）

はさみでパッチン
はさみでパッチン
パッチン　パッチン
十本足の三本め
はさみでパッチン
四本　五本　六本め
七本め
八本　ようやく
鯨が来たぜ
グサ　（２０１４年４月４日）

一万円札の言い分

私は製造コスト22円で生まれた。日本銀行という生まれた家を出た途端、私は一万円になる。そこから私の旅が始まる。

私が一万円であり続けるには多くの困難がある。きびしい旅が待ち受けている。まず誰もが私を一万円と認め、保障してくれるには、私を産んだ日本銀行、その親分の日本政府の後ろ盾が必要だ。それを信用して、金融は信用で成り立っているから、そうして万人は私を「一万円」と呼んでくれる。でも最近悲しいのは私の兄弟・姉妹がいっぱい増えて、私の価値は下がる一方だ。「金余り」って言うだろ。余った私たちが、もちろん庶民なんかにゃいかないで、行き先はご想像の通りさ。

時々休みたくなって、郵貯銀行や市中銀行にわらじを脱ぐのだが、私の体重はいっこうに増えない。だから、飢え死にしても、交通事故にあっても、またわらじをはいて旅にでる。まっさきに兜町に行く。小心者は国債に行くがね。

えらい人たちが旅をしろ旅をしろとうるさいから、私は紙幣から電子データに変身して、日本中はおろか海外にまで旅行をする。ＬＣＣの格安飛行機ができたので、私は瞬時にグローバル旅行を成し遂げることができる。

私は変身が得意だ。米ドルになったり、ウォンになったり、元になったり、そして地球の裏側のレアルにもなったりする。もちろんユーロにも。

旅の最初は私一人ででかけるが、電子データのトンネルをぬけると、そこは雪国だった、おっと間違えた、そうじゃない、こどもができたり、時には孫もできる。背中に背負って、故郷日本に帰ってくる。しかし、いつもそうそううまくいくとは限らず、仲間のなかには旅先で死んだり、ダイエットが目的でないのにやせ細ったりして、帰ってくることもある。

私はいったん、土地や機械に化ける術も身に着けている。そこで汗水流して作った商品が、その商品が身売りをして、会社に私たちの兄弟・姉妹が大勢やってくる。次の行動は決まっている。汗水流した人たちをひっぱたいて、私は太って祖国日本に帰ってくる。もちろん手が後ろに回ることはない。それが世界のルールだから。中には、米ドルやレアル、ユーロの奴らを電子データのトンネルに誘い込んで誘拐することだってやる。

なにしろ、世界中の生産ベースが７００兆億ドルに対して、金融ベースは倍の１４００兆億ドルだからね。

たしかに、こんな旅は私に快感を与えてくれる。私の主人も喜んでくれる。私はしあわせ者だ。

でも、本当のしあわせは、本当の喜びは、そこにはない。兄弟・姉妹がいっぱいいて寂しくはないが、だけど私一人の価値は低くなる。釣竿の身代わりになっても、私がいなくなっても、主人はなんとも思わない。ありがたがってくれない。無駄に私を身売りしても、なんとも思わない。

それに引き換え、私を大事に、ありがたがってくれる家族がある。そんな家には私の兄弟・姉妹は少ないが、だから私をますます大事にしてくれる。三か月に一回、私はレストランで家族みんなが喜んでいる姿を見る。私はレジの引き出しに入っても、しあわせいっぱいになるのだ。しあわせへの身売りは楽しい。以前の主人より、この家族は私の価値を知っている。つらい旅も時にはあるけど、そんな家族との出会いはつらいことを忘れさせてくれる。

私はわたしだ。どうせなら、兄弟・姉妹の少ない家にわらじを脱ぎたいものだ。私の価値もあがる。以前の主人より、私は10倍、20倍の一万円札になることができる。

（２０１５年４月４日）

三軒めの居酒屋

初めて会った人にも聞き取れる言語障害、体全体はぴくつかせるものの独りで立って歩くことも椅子に座ることもできて、表情は普通である。普通でなかったのは唯一、由緒ある家柄の出で、一流企業のエリートサラリーマンだったこと。それが彼の努力によるものかどうかはわからないが、いずれにしても彼に関するとりあえずの人物紹介である。

彼はいやみのない好感の持てる青年であった。

彼はいつも、所属する社会から隠れようとしていた。隙あらば、いつもそうするのだった。ある意味、透明人間にあこがれていた。しかしそれは、自分を同世代の青年より醜いと思っている姿を、消そうというものではない。社会の中の透明人間になろうとしていたにすぎない。そんな彼を透明人間にして醜い姿だけを出すことができるのが、三軒めの居酒屋であった。

彼の職場は一流企業本社ビルの21階。都心の喧騒の中にあった。彼は仕事もよくでき、上司や同僚からも信任が厚く、一目おかれていた。家柄もよく、一流大学からの入社だから、将来は保障されているようなものだった。

彼は毎日を充実して働いた。手応えも感じていた。そんな彼だから、醜いと思っている自分の姿を、由緒ある家柄、一流大学、一流企業、期待される将来の中になんなく隠せた。

なぜ彼がそれほどまでに自分の姿を醜いと思っていたかは、なぜそう思っているかは、実のところ、彼自身にもよくわからない。そのわからない分だけ、彼は上着を人よりも一枚多く着ているように感じていた。職場でも、上司に連れて行かれる高級クラブでも、彼は透明な上着を一枚はおっていた。

　アフターファイブは同僚とも、女性社員ともよく飲みに出かけた。彼の存在感はアフターファイブでも変わらなかった。不満はなかった。

　彼は仕事もよくでき、上司や同僚からも信任が厚く、一目おかれていた。家柄もよく、一流大学からの入社だから、そうあっても不思議はない。

　そのわからない分だけ、彼は上着を人よりも一枚多く着ているように感じていた。職場でも、上司に連れて行かれる高級クラブでも、彼は透明な上着を一枚はおっていた。そして隣の課の女性社員が、彼に好意をもっていた。彼もそれを感じていた。

　仕事仲間とひととおり飲み終えると、彼はきまって三軒めの居酒屋に行った。そこは職場からも遠く離れ、もちろん自宅からも離れていた。わざわざタクシーで出かけるのだった。

　三軒めの居酒屋は下町にあった。客層はけっして裕福とはいえないが、庶民的で清潔で、感じのいい店だ。たまたま入った店なのだが、気に入ってちょくちょく顔を出した。

　なぜ彼がこの店を気に入ったかというと、善良そうな市民もいれば、そうでなさそうな人もいて、女一人さみしく飲む姿を売り物にする客もちらほらいて、何かを求めて集まってきたかのような店であるからだ。そんな雰囲気の中で、男も女も互いにうちとけて、しかしほとんどしゃべらずに店を出て行く者もいた。

　彼は戸籍も社員証も、むずかしい理論も捨てて、すべてが透明人間になった。

まわりのお客に話をあわせながら、目の前のボトルの名前を読んでいた。その名前が、透明人間の名前だった。

同時に、彼は身体論を考えていた。

彼はこの居酒屋で自分が通用するか、不安だった。

共生・共働の人間たち　それでも共生・共働しますか!?

ニューヨークの博物館で恐竜展が開かれていた。そこで久しぶりに入った紳士が、「ところで、この恐竜は何年前の恐竜なんですか?」と、博物館の職員に聞いた。

「はい、これは6000万年と3年です」

「6000万年と3年?　どうしてそんな細かいことまでわかるんですか?」

「ええ、私がこの博物館に来てから3年経ちましたから」


中華屋で、若い男の店員がラーメンを運んできた。

「おい、おまえ、指が汁のなかに入ってる!」

「大丈夫です。熱くありませんから」

「おい、おまえ、ゴキブリが入ってる!」

「大丈夫です。私も昨日食べましたから」

毎日酒ばかり飲んで、働かない亭主がいた。妻は着物を縫って暮らしをたてていた。

「痛っ！」

「どうしたんだい」

「針が指にささったの」

「大丈夫か」

「あんた、私のこと、心配してくれてるんだねぇ」

「そりゃそうさ。おまえがけがしたら、明日からこうやっていられないからなあ」


「与太郎、毎日寝てばかりいるんじゃねーよ。起きて働け」

「働いたら、どうなるんだい」

「そりゃあ、働けば金を稼いで、毎日うまいものを食って、そいでもって一日寝てられる」

「じゃあ、おれ、このままでいいや」

午後11時のプラットホームでアナウンス。
「まもなく電車が入りますので、お気をつけください」
千鳥足の酔っ払いが
「あたりまえだろ！　飛行機が入ってくるわけねぇだろ」。

人生の中途で失明すると、なかなか障害を受容できない。

かなり視力を失った54歳の男性公務員が、白杖をつかないで歩き、電車に乗った。かろうじて空席を見つけ、座った。

若い女性の膝の上。

これは実話である。読者のおっさんも、中途失明者になりたいかな。

歴史的経緯から、北海道は意外に共通語、特に札幌は。「……じゃないかい」という以外は。

昨年、札幌に行ったときの話だ。今は市職員の彼が、愛知工業大学で体育系の部活に入った時のこと。名古屋などは「みゃーみゃー」だけでなく、意外にも関西弁も幾分入っている。彼が運動場を何周もまわって帰ってくると、先輩が、

「おまえ、えらいなあ」

「いえ、私、えらくありません」

「そうか、じゃあ、もう一周走ってこい」

「やっぱし、えらいなあ」

「いえ、私、えらくありません」

「そうか、もう一周走ってこい」

今と違って、私は40年ほど前は少し見えていた。視力0・02ぐらい。

その頃つくった川柳を一句。
赤信号　弱視が見たら　赤ちょうちん

第二部　共生・共働の理念と運動

吉田　梓

結成宣言

六十年代末、全国各地で障害者自らの決起が大地を揺らし始めた、それは隔離施設の矛盾を突き、選別の養護学校を拒否し、障害者の生存を否定する「健常者社会」を告発する叫びである、初めて「障害者」に対する差別の問題として世に問う声であった。現行資本制社会の中で障害者が施設や家庭に閉じこもることなく、地域の中で、生活権、労働権を確保することが、いかに困難な事業であるか。

以来十有余年、われらは自らの独自の生き方―施設のごとき管理の場ではなく、また企業のごとく搾取の場ではなく、われらの共通の理念である一切の差別を許さず、「障害者」「健常者」の平等な関係を求めて、生活の場、労働の場を築くこと―を育ててきた。しかるに、われらの力足りずして多くの仲間は、未だ一人の市民として、一人の労働者として認められることなく差別に喘いでいる。

されど、差別と抑圧の歴史に抗するわれらは、軍備増強の福祉切り捨ての今こそ、多くの仲間の参集をえて、一層「共働」「共生」の営みを期せる時をえた。この全国連合は必ずや、われらの翼を大空にかけめぐらせ、地上の差別をうち砕く、たたかいの未来を約束しよう。

われら本集会参加者一同は以下のごとく宣言する。

・われらは障害者に対するあらゆる差別を許さず、差別との不断の闘いを担う。

・われらは、障害者、健常者それぞれが一人の人間として対等、平等に生きる関係をめざし、それをはばむ人間意識、社会構造の変革を志す。
・われらは共に働く場、生活する場をつくり、実践し、その拡大、発展を通じて社会全体を共に生きる場としていくために全力を尽くす。
一九八四年十月二十一日（日）

差別とたたかう共同体全国連合
（特定非営利活動法人取得の際に、共働連と改名）
結成集会参加者一同

日本における社会的排除への就労的観点からの取組みの現状
——NPO法人「共同連」の社会的事業所運動とその実践——

序章　本論文の背景

今日、雇用の不安定化や地域ネットワークの弱体化など様々な要因で社会的に孤立し、生活困難に陥るリスクが増大しており、社会的に排除された人々の存在が日本社会のなかで浮き彫りになっている。その一方で、セーフティネットの整備は未だに十分とは言えない状況である。こうしたなか、社会的に排除された人々に対する様々な方面からのアプローチの重要性が高まっている。そのなかでも就労的観点からのアプローチの必要性は高いといえる。それは、労働市場において不利な立場に置かれている人が、社会的に排除された弱者になっている場合が多いこと、そしてだからこそ、社会的包摂の概念から労働の機会を設けることでそのような人々にとっての居場所を同時に作ることができる可能性を持つためである。

社会的排除の概念が生まれ、また社会的企業論が発展してきたヨーロッパを中心に、海外においては政府、民間営利団体とは区別される市民セクターを担い手として、就労に関して阻害要因を持つ人々の労働統合の取組みが行われている。こうした取組みは、連帯を重視し社会的に排除された人々を社会に組み込もうとする社会的連帯経済の考えのもとでなされ、それらを行う組織は、ヨーロッパの社会的企業論では、労働統合型社会的企業として位置づけられ研究も進められている。また、海外においてはそうした取組みを行う組織体に関する制度整備が進められている事例も多くある。イタリアの「社会的協同組合法」が代表的なものであり、アジアにおいても韓国の「社会的企業育成法」が制定されている。これらの法律ではその対象を「社会的に不利な立場にある人々」や「脆弱者層」としており、こうした法整備をもとにして、実践レベルで社会的ハンディキャップを持つ様々な人を内包した取組みがなされている。

一方、日本においては、社会的排除の概念やヨーロッパを中心に展開した社会的企業論、アメリカを中心に展開した社会的企業論など様々な議論が持ち込まれるなかで、社会的企業や社会的排除という概念や用語の理解も統一されていない。また、社会的排除と就労の交差点にある活動を行う団体も多くない現状がある。そのようななかで、実践のレベルで様々な困難を抱える社会的に排除された人を含む働く場の在り方を模索し実践している団体の一つが、本論文で取り上げるＮＰＯ法人「共同連」（以下、共同連）であり、このネットワーク団体が進めてきた、社会的事業所運動の実践である。社会的事業所運動とは、障害者運動の見地に端を発し、従来の一般就労と福祉的就労とは異なる「第三の就労」の場をもうけ、社会的に排除されている人を含め全ての人が対等に働く事業体を目指すものである。共同連はもともと障害者と健常者が対等な立場で働くことを目指してきた団体であるが、二〇〇〇年頃から、障害者以外の社会的弱者も排除しない事業体を目指して活動を行っている。

日本において、ホームレスの関連団体や障害者関連団体などそれぞれ特定の活動分野で就労に関する取組みを行う団体は少なくない。一方で、社会的排除と就労の交差点にある活動を行う担い手として、社会的に排除されている人をまとめて内包しすべての人が共に働く場を提唱しているのは共同連のほかに、ワーカーズ・コープあるいはワーカーズコレクティブなどがある程度である。

二〇一五年から施行される「生活困窮者自立支援法」によって、日本の法律にも様々な社会的に排除されている人を内包する「生活困窮者」という概念が登場した。この概念定義が、先に紹介したイタリアでの「社会的に不利な立場の人」や韓国の「脆弱者層」に相当する程の精度でなされているとは言い難い。しかしながら、格差や貧困の問題により、社会における社会的に排除された人々の存在が表面化してきていることからも、このように社会的に排除されている人のなかでの区別をせず、対象に幅を持たせた施策や取組みの必要性は今後高まるだろう。また場を創出することによる社会的弱者の就労難の実践レベルでの解決の必要性もますます高まってくることが予想できる。

このような現状のなかで、共同連の障害者運動の見地から始まったあゆみと現在のその目指すべきところの「社会的事業所」の実践をみることで、日本における全ての人を包摂する形での社会的排除に対する就労的なアプローチに関する現状の一端をつかむことができる。さらに、共同連がそのはじまりを障害者運動のなかに持ち、方針を転換して障害者以外の社会的に排除された人を含めた共に働く場の提唱をしてきたことからも、そのあゆみや実践を把握することは、現在存在するホームレスや障害者の関連団体など、特定の活動分野において就労の場を担っている団体のその対象の拡大への示唆にもなりうる可能性を持っている。

障害者運動の見地から発生し、障害の有無の隔たりを越えた働きの場である「共働事業所」づくりからそれをさらに発展させ、誰をも内包しうる「社会的事業所」づくりへ転換してきた共同連の取組みやその実践はそういった意味で大変意義深く、注目に値するものである。しかしながら実状として、日本では法制化はおろか、共同連や、その目指すところの「社会的事業所」についての認知度は低く、また事業体としても未だ広がりが少ないといえる。そこで本論文では、日本において共同連が提唱する「社会的事業所」が何であるかを明示したうえで、その実践を客観視することによってそれを取り巻く困難やその背景を把握し、今後その発展にあたって期待される展望を考察する。

第一章　ＮＰＯ法人「共同連」の活動展開と社会的位置づけ

この章では、本論文で取り上げる団体であるＮＰＯ法人「共同連」（以下、共同連）の概要についてまとめる。第一節ではその活動を展開ごとにまとめ、共同連が現在目指す社会的事業所とは何かについて考察する。第二節では、その社会的位置づけについて、先行研究をもとにしながら社会的連帯経済の担い手としての側面から把握し検討する。

一　共同連の活動展開

ここでは、共同連がいかに活動してきたかを、その展開の段階を四つに区切り、その当時の障害者に対する福祉・雇用政策に言及しながら、まとめる。第一にその結成に至るまでの前史、第二にその結成と一九九〇年代における共働事業所づくりの展開、第三に二〇〇〇年代における、社会的事業所づくりへの転換とその展開、第四にその現在の概要である。なお、障害者施策展開をまとめるにあたっては、主に、杉本章著『障害者はどう生きてきたか　―戦前・戦後障害者運動史［増補改訂版』』、文部科学省の中央教育審議会初等中等教育分科会第六九回配布資料「障害者制度改革の推進のための基本的な動向（第一次意見）第四　日本の障害者施策の経緯」を参照する。また、活動展開をまとめるにあたっては、主に共同連代表堀利和氏、事務局長斎藤縣三氏へのヒアリング及び、特定非営利活動法人共同連編の『日本発　共生・共働の社会的企業─経済の民主主義と公平な分配を求めて』（現代書館）を用いる。

（1）結成前史──様々な障害者運動のなかで──

障害者への雇用施策

障害者の雇用政策は、戦後、一九四七年制定の「職業安定法」など、一般雇用に関する施策の中に含まれる形で展開された。一九五五年に国際労働機関は障害者の雇用に関して、日本に「身体障害者の職業再生に関する勧告」を出している。この勧告は「障害者の職業リハビリテーション、職業指導、職業訓練、職業紹介のあり方について」の勧告であり、「障害者の雇用機会を増大する方法、保護雇用などについても規定」したものである。この勧告から五年後の一九六〇年、障害者独自の雇用施策として「身体障害者雇用促進法」が制定されることとなった。ここに、一九五九年の「国民年金法」と併せて所得保障、雇用対策の基盤が整備される。この身体障害者雇用促進法は、高度経済成長に伴った労働力不足を補うことを目的としており、この法律によって努力規定であったが、事業主が一定率の雇用責任を負うことが規定された。しかしながら、その対象はあくまでも労働力になるに足るとされた障害者のみに限られ、重度障害者が対象になることはなかった。また、現在のいわゆる

「三障害」のうち知的障害、精神障害についても対象とならず、この当時施策の対象となったのは、あくまでも身体障害者に限定されたものであったことにも留意したい。

一九七六年には、身体障害者雇用促進法が改正され、割当雇用率制度と雇用納付金制度が始められる。この段階において雇用が義務化され、雇用率の強化が行われた。しかしながら対象は身体障害者のみに限られている。この対象に知的障害者が加えられるのは、一九八八年のことである。

障害者運動と共同連の芽生え

一連の福祉政策・雇用政策展開のなかで、六〇年代頃から、障害の種別に各種の障害者団体が結成されていった。こうしたなかで、杉本氏が論じているように、一九六七年の「全国障害者問題研究会」と「障全協」(障害者の生活と権利を守る全国連絡協議会)の結成は、それまでの団体の運動とは一線を画す面があった。それは「権利としての社会保障」の打ち出しであり、基本的人権としての社会保障権の主張であった。これらの動きは、団体が「障害」を「マイナスなもの」と位置づけている点で、価値観の転換を打ち出したとは言えない一方で、政府の方針の枠内での陳情や請願による施策拡充を狙うのではないという点がそれまでの団体とは異なっていた。

その他にも、六〇年代には、国立身体障害者センター闘争、また七〇年代には、府中療育センターへのハンスト、一九五七年結成の「日本脳性マヒ者協会・青い芝の会」を中心とした運動など、いくつかの障害者運動が展開されていった。

一方で、日本で最初の作業所が、一九五〇年代に栃木県で開設されたように、養護学校卒業後、あるいは精神病院から退院した後、働く場のない人、日中の行き場のない人の場づくりとして、障害がある人が働く場、作業所をつくる動きも五〇年代頃から起こっていった。その担い手は決して一様ではなく、障害を持つ子の親、教師、障害者自身など様々な市民の手によるものであった。この運動はそうした市民の手によって全国各地で展開され、国としての関連した大きな施策はなかったものの、五〇年代後半に入ってから、地方自治体レベルで作業所に対する補助金制度を整備する自治体が表れ始める。各自治体での制度運用であったために自治体ごとで補助の内容に差はあったものの、こうした行政の制度は「法定外」である小規模作業所の数を増大させ、七〇年代半ばに入り大きな動きとなる。

一九六九年には「ゆたか福祉会」が名古屋で発足したが、この「ゆたか福祉会」を養護学校卒業生の発達保障の場のモデルとして、各地で共同作業所づくりを進めていったのが、先ほど挙げた「全国障害者問題研究会」と「障全協」（障害者の生活と権利を守る全国連絡協議会）である。こうしたなか、「諸外国に比べて立ち遅れているわが国の不十分な障害者制度を、少しずつでも前進させたいという関係者の熱い思い」から、「共同作業所全国連絡会」（後の「きょうされん」）が、十六ヶ所の無認可共同作業所によって、一九七七年に結成された。その目的を「国に対する全国規模での要求運動を展開していくことであり、各地の共同作業所づくり運動の経験を深め合う」こととしたこの動きによって、全国各地に共同作業所がつくられていくこととなる。二〇〇四年には、全国で六〇〇〇ヶ所もの共同作業所が存在し、様々な法制化がなされた二〇一一年度現在でも、一九一六ヶ所の場がきょうされんの会員となっている。また、一九七七年には、厚生省が「精神薄弱者通所援護事業」への保護要綱を通達し、これが初の小規模作業所への国庫補助となった。この動きには、「全日本育成会」の政府への積極的な働きかけがあり、その対象は、知的障害者の親の会である「全日本育成会」が選定を委託されたために限定されていた。その一〇年後になってから、身体障害者や精神障害者の作業所に対する補助制度も整備されていくこととなる。

様々な人の手によって展開された小規模作業所運動だが、そのなかには障害のある人もない人も共に働く場をつくりたいという考えで作業所をつくり活動する人達もいた。そうした人は他の展開する小規模作業所運動における作業所や施設の在り方を批判した。彼らが批判したのは、あくまでも健常者が職員であり指導員、そして障害のある人が訓練生という関係性のもとでの施設であるという点である。こうした関係性を批判し、障害があるなしに関わらず、共に働く者として平等対等な人間関係が築かれるべきとした人々がまさに、共同連を作り上げていくことになる。

一九七七年に共同作業所全国連絡会が発足するなかで、上に挙げたような一般的な小規模作業所すなわち対等な関係性を持たない小規模作業所や、あるいは収容施設の在り方に違和感を持ち、地域で共に暮らし、そして共に働き生きるということを目指し掲げる人々も、一九七〇年代後半には少数ではありながらも集結し始める。一九八一年には、共同連の準備会となる「差別とたたかう共同体全国連合準備会」が発足し、三年後の一九八四年に「差別とたたかう共同体全国連合準備会」（以下、共同連。二〇〇一年のＮＰＯ法人化に伴い、「共同連」）が結成されることとなる。

（2）共同連の結成――共働事業所づくりの展開――

八〇年代から九〇年代にかけての、障害者をとりまく福祉政策、雇用政策の概略について示す。そのなかで結成された共同連とその展開についてまとめる。

八〇年代の障害者への福祉・雇用施策

八〇年代前半、日本は七〇年代までの高度経済成長の局面から戦後最大の不況に陥った。このことは、日本政府を「小さな政府」論へ押し進めた。その後八〇年代後半に入り、バブル景気の時代に突入していくが、社会保障支出が低く、家族主義を背景にした企業福祉の強い日本型レジームは九〇年代半ばに入り、解体が本格化するまで続くことになる。このような社会状況のなかで、国連の定めた一九八一年の「国際障害者年」に際しても政府の反応は鈍く、障害者をとりまく福祉や雇用施策には、新たな展開は見られなかった。

この八〇年代において、福祉施策の面では一九八二年に「障害者対策に関する長期計画」を発表した。これは、国が障害者施策について総合的かつ長期にわたる計画として策定した最初のものであるという。一九八五年には年金法が改正され、障害福祉年金制度の廃止や障害基礎年金の創設などによって、障害者の生活保障についての総合的な対応がはかられた。この動きには、障害者団体を含めた身体障害者の実態調査の流れがあったが、この調査に際しては、障害者団体のなかでも賛否が分かれ、各団体が様々な運動展開を行った。

また、一九八四年には身体障害者福祉法が改定され、理念規定のなかで「更生の努力」が「自立の努力」に変更、また障害者の範囲拡大などが行われた。

雇用施策の面では一九八八年に身体障害者雇用促進法が改定、「障害者の雇用の促進等に関する法律」に題名を改定し、知的障害者が雇用率の対象となった。この時点では、知的障害者については努力義務であった。

共同連の発足と共働事業所づくり

一九八四年、共同連が発足した。「単なる作業所、単なる労働の場を、障害のある人・ない人が自らの力で共存しあってつくっていくという運動方向」のもと、対政府交渉を軸にした共同連は大阪での第一回大会の後、早速厚生省、労働省への交渉を申し入れる。しかしながら、労働省では「〝障害のある人もない人も共に〞という漠然としたものでは雇用関係も責任体制も不明瞭」として十分にとりあわれず、厚生省においても「社会福祉法人化すればいろんな支援がある」という対応にとどまったという。すなわち、一九八八年頃までにかけて行われてきた交渉はほとんど何の成果を生み出すことがなく終了することとなる。この段階において共同連は自らの変化、展開へと次の活路を見出す方向へ歩み出す。

その変化はまず、一九八八年の共同連事業組合の結成として現れる。労働省の指摘をもとに、理念とは異なってはいても、形式として雇用関係を持つスタイルへと転換し、障害者雇用促進制度を受けられるようにと、共同連に集まる団体が合同して事業組織をつくったのである。これにより、自治体の作業所助成から多額の障害者雇用助成金を獲得しようという狙いであった。しかしながら、この合同は、形式上の連携でしかなく実態としての連携がなかったことから徐々に参加団体が減少し、共同連事業組合は風化していくこととなる。

この経験は、「補助頼み」ばかりになるのではなく、それぞれの団体が労働の場としての実体をもてるような力を持つことを目指すべきであるという方向性を生み出す。こうして九〇年代以降、事業体としての社会的・経済的自立を目指すことを目標に掲げることになり、「共働事業所」づくりを進めることとなる。この段階において現れる「共に生き、働く場」の総称から、「共働事業所」への名称の変化には、「共に働く場」という意味合いを残しながら、かつ経済的な事業体として自立しようとする性格が明示されている。この「共働事業所」づくりは、個々の事業所の発展がみられる一方で、横の広がりが見られず、共同連全体の運動としては停滞をみせる時代であったという。それでも一九九五年には、日韓国際障害者交流をソウルで開くなど、海外との交流も行われてきた。

(3) 社会的事業所づくりへの転換――障害者運動からの展開――

二〇〇〇年代以降、共同連は、新たな方向へとその目指すところを変更し活動を続けていくことになる。

「共働事業所」から「社会的事業所」への転換

二〇〇〇年代、共同連の活動に新たな方向性をもたらすきっかけとなったのが、イタリアにおける社会的協同組合法にもとづく社会的協同組合の存在との出会いである。このイタリアの社会的協同組合が、障害者が働くということに密接につながりを持っているという点から、二〇〇一年の共同連全国大会にイタリアの協同組合関係者に講演を依頼したことで、新たな展開への道が開けていく。第三章でもふれるが、イタリアでは、一九九一年に社会的協同組合法が制定されており、そのなかで、「社会的に不利な立場の人たちの労働参加を目的とする、農業・工業・商業およびサービス業等のさまざまな活動を展開する協同組合」をB型社会的協同組合として規定している。さらに「報酬を受ける少なくとも三〇%は社会的に不利な立場の人たちで構成する必要がある」と要件を設けているのが大きな点である。

これまで障害者の割合が増えていく仕組みしかなかった共同連の状況に対して、イタリアの社会的協同組合では障害者は実質三〇~四〇%で、その一定の割合が保たれることによって事業展開が上手くいく、すなわち、「障害ハンディのある人が参加して働くという社会的目的と、経済的な自立を実現するという経済的な目的とが合体した組織形態」であるという組織の在り方に共同連メンバーは共感を覚えたという。さらに、実態としては障害がない人のなかにも様々にハンディを抱える人がいたということがあっても、意識のうえでは障害があるかないかという点に着目する側面を持っていた共同連は、イタリアの、三障害に限らず社会的なハンディを持つ様々な人を含めて、「社会的に不利な立場の人たち」としている考えに触れ、これまでの障害の有無のみへの着目からの脱却へと方向を新たにしていくことになる。折しも、二〇〇一年以降、小泉内閣のもとで進められた「構造改革」は、貧困層の拡大や、格差の大きな社会を生み出し、社会的に排除された人たちの存在が改めて目に見える形で表れてきた時でもあった。そのようななかで、こうした三障害に限らないイタリアのような

「社会的に不利な立場の人たち」という考えは、日本の状況に必要な概念であったといえよう。

その後、二〇〇五年頃まで、複数回にわたるイタリア視察や、同様に関連法整備の進む韓国の状況を学び、共同連は「社会的事業所」づくりへとその方向を転換する。イタリアの例にならって、「社会的事業所」を、どのような法人格を持っている団体でも、社会的排除を受けている人を、三〇％以上含むという事業体であるとし、また、かつどんな事業であれ、その事業収入が収入全体の半分以上を占める経済的な事業体として基本的性格を有している団体とした。二〇〇五年の第二十二回全国大会においては、様々な困難とたたかう人々との連帯による、労働市場から排除されている人々の「社会的事業所」づくりが提唱され、さらに二〇一〇年の第二十七回全国大会にて、社会的事業所促進法制度をめざすことが大会決議された。これにより二〇一二年、イタリアの社会的協同組合法、韓国の社会的企業育成法を参考にした法大綱案の提案が行われた。共同提案団体には、共同連のみならず、日本労働者協同組合連合会やワーカーズコレクティブネットワークジャパン、NPO法人ホームレス支援全国ネットワーク、NPO法人ジャパンマック、日本ダルク本部が名を連ねた。

（4）社会的事業所とは何か――共同連の現在――

この項では、現在の共同連が主に行っている活動について概観しまとめる。また、これまでの活動史を通して共同連の目指す「社会的事業所」とは何であるかについて考察し、本論文における定義づけを試みる。なお日本における障害者自立支援法以降の福祉施策については、第三章で触れる。

共同連の現在の活動

まず、共同連の現在の活動について、概観しまとめる。共同連の活動案内パンフレットには、現在の活動として、以下が挙げられている。

ア）社会的事業所法制化……政府・国会への働きかけ、社会的に排除されている人々とのネットワークづくり

イ）事業所づくり……仕事おこし、助成金の獲得

ウ）学習・広報……マラソントーク、全国研修会、機関誌『れざみ』発行、共同連ブックレット発行

エ）政策研究……「共働」を考える研究活動、日韓社会的企業セミナー

オ）国際交流……アジア障害者国際交流大会、海外の社会的協同組合・社会的企業との交流

カ）その他……共同連全国大会、会員の拡大

共同連は現在、およそ一〇〇近くの「社会的事業所と呼ばれる、自立的な事業体の連合」であり、全国大会での交流等を通して、各団体がゆるやかなつながりを持っているといってよいだろう。また、共同連本体としては、法制化への行政への働きかけや、対外的な活動を行っており、各団体の場を発展成長させること、そして併せて周辺環境の整備への取組みを行うことで、「社会的事業所」の社会的な意義の認知と向上に努めているとみることができる。

共同連の目指すもの

これまでの活動展開から分かるように、共同連は、「社会的事業所」の法内整備やその「場」づくりに取組んでいる。では、この「社会的事業所」とはそもそも何であるか。法内の制度ではなく、また共同連に加盟する団体の実践も様々であることからその明確な定義は難しいが、共同連の目指す理念を体現する場であるとはいえる。そのなかで、共同連代表の堀氏が、二〇一四年十月に行われた日韓社会的企業セミナーで提示した、「社会的事業所」の定義整理を参照したい。堀氏はその定義において以下の七つを原則としている。

・（形態）福祉制度は法の対象となる障害者だけにサービスを行い、就労の「場」一ヶ所に障害者だけを集め、その対象者に対して少数の職員が支援するサービス形態となっている。これに対して社会的事業所は、社会的に排除された人を三〇％以上含みそうでない人と共に働くという構成員の「形態」。

・（寛容性）労働はそれぞれの能力と特性に応じ、かつ事業の役割において働く相互の「寛容性」。

・（対等性）民間企業では人間関係が上下の縦型、福祉施設では職員と利用者の関係となっている。これに対し、共働は相互に対等平等な横型の人間関係に置かれる「対等性」。

・（制度）必要経費以外の純収益を、それぞれの生活の実態と状況にあわせて分配する分配金「制度」。

・（保障）事業所に働く者すべてが労働者性を確保した身分として労働法制の適用を受ける「保

障」。

・（民主制）事業所の運営は原則全員参画を前提にした「民主制」。

・（戦略）公的及び社会的支援を受けつつも、可能な限り補助金や寄付に頼らない事業収益を確保するための経営「戦略」。

さらに、堀氏は「社会的事業所の社会目的は、労働を通じてソーシャルインクルージョン（社会的包摂）を実現することである」との位置づけを行っている。また、共同連の目指す社会的事業所の概念の大きな軸となる特徴として「共に働く」という「形態」において、従来の福祉的就労、一般就労の二分法ではない、「第三の就労」を提唱しているという点がある。この「第三の就労」は、二〇一五年に施行される「生活困窮者自立支援法」を始めとして近年使用されている、一般就労、福祉的就労の間にある「中間的就労」やそれと同様の意味での「第三の道」などという用語での概念とはその目指すところが全く異なるという点が重要である。

「中間的就労」はその主な使われ方として、一般就労と福祉的就労の間に位置し、方向性として福祉的就労から一般就労に向かうための就労であり、訓練であるという意味合いがある。対して、共同連は一般就労の雇用形態だけでは現代の日本社会において不十分であることを指摘しており、また一貫した対等性を主張しているため、一般就労ありきの就労形態や、障害者福祉政策のなかで障害者が訓練される立場あるいは利用する立場のものとして位置づけられ、語られることを否定してきた。その意味で、共同連の目指すところの「第三の就労」とは、福祉的就労から一般就労へという過程に存在するものではなく、全く別の就労形態として、一般就労にある雇用と、福祉的就労にある各々のペースや人そのものを尊重した働き方を両立したものであるといえ、その理念には、反能力主義に基づく対等が存在しているといえる。

現在日本では、社会的企業や社会的事業所という言葉、あるいはそれに関連する言葉が様々な意味で使われており、その用語の意味は決して一定ではない。また共同連における社会的事業所の実践での活動は必ずしも七つの原則を満たした「社会的事業所」であるといえないものもある。しかしながら共同連は、理念に共感しながらも実践として上記のような原則を満たしていない団体に関しても社会的事業所を目指す団体としてそれを認めている。そこでこの論文では以後、「社会的事業所」を共同連の目指すところの上記の七つの原則を満たした団体、あるいはそれを満たしていなくともその理念に共感し社会的事業所を目指している団体を含めて使用することとする。

二　共同連の社会的連帯経済の担い手としての位置づけ

この節では、共同連やその目指すところの社会的事業所が社会的にいかに位置づけられるのかについて、先行研究を引きながら考察し検討する。

共同連に関連する文献で、共同連関係者ではない第三者から語られるものは多くはない。そのなかで、障害者運動の文脈のなかでの位置づけが杉本氏（2008）、伊藤氏（2012）らによってなされている。そしてもう一つの位置づけが、社会的連帯経済の担い手としての語られ方であり、福原氏（2013）や柏井氏（2014）、大門氏（2014）などによってなされている。この社会的連帯経済の担い手としての位置づけとはどのようなものであるか、先行研究からまとめる。また、共同連にとっての社会的連帯経済への考えにも触れる。

（1）日本における社会的連帯経済とその担い手

日本における社会的連帯経済

前項でみたように、この社会的連帯経済は、ヨーロッパ等諸外国で発展した概念である。これを日本社会においてはどのように位置づけられているのであろうか。また、その担い手はどのような組織であるのか。

ヨーロッパを中心とした社会的連帯経済の展開は、格差の拡大や貧困に伴う社会的排除の概念とその関係を密にしているが、日本においても社会的排除の問題は無視できないものとなっている。宮本氏（2012）は、日本の福祉国家の展開において、社会的包摂への転換の切迫度の高さを主張している。それは、日本の生活保障がこれまで、ケインズ・ベヴァリッジ型福祉国家に企業的包摂の仕組みを接合させたもので、男性稼ぎ主の安定雇用と家族扶養への依存が顕著であったことによるものである。ケインズ・ベヴァリッジ型福祉国家では、ケインズ主義の需要喚起型経済政策により、景気循環に受動的に対応しつつ男性稼ぎ主の雇用を継続させることが目指され、雇用は別建ての経済政策によって確保されるべき与件であった。しかしながら、男性稼ぎ主雇用という支点の揺らぎは、その生活保障自体にも揺らぎをもたらした。経済状況のもたらした男性稼ぎ主雇用の揺らぎのなかで、雇用からはじかれた人々を受け止めきれない制度の弱さや、人々を雇用へ結びつける積極労働市場政策の制度と支出の少なさなど、社会状況に対応できない社会保障の弱さは、明確に指摘されてきた。

このような状況下で社会的包摂の必要性の高まる日本において、社会的連帯経済は、どのように評価されているか。福原氏（2013）は、貧困や社会的排除が問題となっている現代日本における、市場経済とは違うもう一つの経済システムとしての社会的連帯経済の考え方の有効性を主張している。国内において貧困や格差拡大による社会的困窮者の社会的排除という状況があるなかで、包摂型社会の構築のための社会参加と就労の確保が重要であり、さらにそれらの担い手を社会的連帯経済のなかに位置づけることが、そうした担い手に価値評価を付与するとしている。福原氏はそうした担い手を「社会的就労型の社会的企業」と称しているが、こうした担い手は、市場経済のもとでは、民間企業等に比べその低い賃金や手当という観点から社会的価値評価を得られず、ネガティブなものとみなされるとしたうえで、こうした考えを打破するものとして社会的連帯経済のなかにこうした担い手を位置づけることの重要性をといている。このシステムの下では、社会的評価の基準は、「努力」や「献身性」、あるいは多様な働き方を組み合わせた結果としての「集団による成果と効率」となり、担い手がポジティブな性格をもち得るとしている。

国内においては、二〇〇〇年以降、自立支援に代表されるようなアクティベーションを背景にした施策が展開されてきたが、グローバル化や経済の低成長という現状のなかで、社会的な困窮者の一般就労への移行には限界があるといっていい。貧困や格差の拡大に伴う社会的排除が問題となるなかで、それを解消する取り組みの担い手が経済システムの下で価値を得ることはその広まりにとって、またその根本的な問題への対処として大変重要であるといえ、その意味で日本においても社会的連帯経済の重要性は高まっているといえる。

日本における担い手

それでは、日本における社会的連帯経済の担い手とはどのようなものか。まずは日本における社会的企業概念の受容について簡単に触れておくことが必要である。現代日本における社会的企業の理論概念は大きく分けて二つに大別できる。一つ目は、アメリカの社会的企業論の潮流である。経営学者やシンクタンク研究者を中心に持ち込まれたこの潮流では、社会的企業は事業型NPO、社会志向型企業、営利企業による社会貢献のすべてを含んだ幅広い概念であり、特にCSRや営利企業形態の社会的企業を重視したものである。またこの潮流の一般営利企業における何らかの意味で社会的な付加価値を有する新しいマーケットの創出の側面を多分に組み込んだものである。（藤井、2013: 39）

二つ目は、ヨーロッパの社会的企業研究ネットワーク（EMES）を中心とした欧州からの概念であり、社会的経済、連帯経済について研究してきた協同組合研究者や社会政策研究者によって日本に紹介された。（藤井、2013: 41）この社会的企業概念の担い手となってきたのは、主にNPOや協同組合であり、特に社会的排除問題に取組んできた様々な形態の市民団体であるという。このヨーロッパ型の社会的企業の主要な事業分野について、ボルザガなどは労働市場で排除された人を労働や社会に統合することを目指す労働統合と対人社会サービスを重要視しているが、その前者である労働統合を主要な目的とするものは労働統合型社会的企業（work integration social enterprise, WISE）と呼ばれている。このＷＩＳＥのなかにも四類型が存在する。一般労働市場への送り出しを目的とする就労移行支援型、継続的にその内部で雇用を確保する継続就労型、障害者を主にして職業的な能力を養成する職業統合型、アルコール依存症などの人々を対象に雇用契約をせず生産活動を通じた社会参加を目的とする社会化型の四つである。このＷＩＳＥは一九八〇年代ころから登場し、政策的な裏付けをもたずにそれぞれの市民運動の一つとして展開したが、九〇年代初頭から、積極労働市場政策や就労に関するアクティベーションなど政策のなかに組み込まれる形で展開するものも多くなる。そのこともあり、ヨーロッパでは四つの類型のなかでも、一般労働市場への送り出しを目的とした就労移行支援型が大きな割合を占めている。藤井氏はそのような展開が大きな問題を孕んでいることも指摘している。

日本における社会的連帯経済の担い手は、二つの潮流の大別のうち、ヨーロッパ型の社会的企業と位置づけられる団体を主として考えられている。花田氏は、ＥＭＥＳによる社会的企業の定義をもとに、農協や漁協などの既存の協同組合、生活クラブ生協、消費生協などをあげており、未だ小さい影響力ではあるが市民活動の展開に可能性を秘めていると論じている。また福祉関連の事業型ＮＰＯもそれにあてはまると位置づけている。藤井氏（2013: 43）も、「『社会的企業』という用語を積極的に用いているのは、社会的排除問題の解決に携わり、雇用創出や就業訓練を射程に入れた活動を展開している市民団体」としている。また、そうした団体が少なからず、ヨーロッパからの社会的企業概念の流入以前から何らかの形で、様々な社会運動を展開してきた団体であることを指摘しており、多くが従来労働市場から排除されてきた当事者たちの運動の性格を持ち合わせることを挙げている。そのうえで、「一九六〇年代から一九八〇年代にかけてすでに成立していた日本の伝統的な労働統合型社会的企業と呼べる」と位置づけている。具体的には、主婦による生協運動や中高年の失業者による事業団運動、障害者の当事者運動などを挙げている。これらは、ヨーロッパなどでの社会的連帯経済の思想が日本に入る前から、日本において展開されてきたものである。

また、宮本氏（2012b: 205）によれば、日本における社会的企業は、事業型、連帯型、支援型に分類される。事業型の社会的企業では、事業的自律性が高く、企業や政府のソーシャルビジネス事業者にあたる。連帯型の社会的企業では労働者が比較的高い自律性を持ち、民主的意思決定に基づき事業が遂行される。ワーカーズコレクティブやワーカーズ・コープ等がこれにあたる。支援型の社会的企業は、社会的弱者を構成員の少なくとも一部としてその社会的経済的自立を支援する機能を組み込んでいるもので、イタリアの社会的企業B型、韓国の社会的企業があたり、日本では共同連などがそれに相当するとしている。日本の行政の想定の中心は事業型であり、連帯型や支援型に関する議論は不十分であったという。

これら一連の議論から共同連やその目指すところの社会的事業所は社会的連帯経済の一担い手であるといえ、例えば宮本氏（2012b: 205）の三類型のなかでは、支援型社会的企業に位置づけられている。さらに、米澤氏（2011: 103-107）は、ＥＭＥＳの社会的企業の九つの指標を元に共同連の活動が社会的企業に位置づけられるかを検討しており、一つの項目を除いて八つの点で指標に適合することと、社会的企業という概念が理念型的性格を持った概念であり、必ずしもすべての指標に適合する必要はないとして、共同連の活動を社会的企業の一つとして妥当と判断している。さらに、障害者の就労問題の改善を明確な活動目標にしていることから、「労働市場からの障害者の排除を問題視して、自ら事業を営み、障害者の就労状況の改善を目指して活動を続けている労働統合型社会的企業」と位置づけている。

また、藤井氏も、ヨーロッパ型社会的企業概念に日本の障害者雇用の分野であてはまる例として共同連の取組みを挙げており、欧州の社会的企業が強く意識されてきたことを指摘している。後述する共同連に所属する複数団体がその制定に寄与した滋賀県社会的事業所制度についても、「社会的包摂を志向する社会的企業を認知し支援する制度として、日本では数少ない画期的な制度」との評価をしている。

社会的企業の概念が欧米で生まれたものであり、ＥＭＥＳの社会的企業の分類も、主にヨーロッパの社会的企業をもとに示されたものであること、また米澤氏（2011: 107）によるように、社会的企業という概念自体が理念的性格を持っているため、こうした概念に政治的経済的背景の異なる日本の団体を正確に分類し当てはめるのは困難であるが、そのなかでも共同連はその概念体系上は、上記のように位置づけられている。

担い手としての共同連の位置づけ

このように第三者から位置づけられている共同連であるが、では共同連は自らの位置づけについてどのように考えているのだろうか。ここでは、共同連代表の堀氏と、その一番の実践の場をつくりあげ、活動を最前で行ってきた事務局長の斎藤氏の考えを紹介しておきたい。

堀氏は現代日本社会における格差や排除がつくりだされる状況を鑑みて、社会的連帯経済のシステムや理論の有効性を主張している。一方で、連帯経済を含む社会的経済がその定義において若干の曖昧さを持つこともあり、共同連の目指す社会的事業所を「市民経済」の担い手としての事業形態としている。この「市民経済」は自立した市民を担い手とした経済であり、「市民公共」として市民の経済活動の分野を形成するものと捉えている。この定義には、社会的連帯経済の担い手として時に生命保険会社や社会福祉法人がトップダウンの社会的企業として位置づけられることから、そうしたものとの一線を画すための意図があると思われる。

斎藤氏は、日本においてヨーロッパで生まれ持ち込まれた社会的経済の実体的な形成は未だなされていないとの見解を示している。日本では、労働組合が企業単位でつくられていることや一般企業が福祉政策の欠落部分を補ってきたこと、行政と企業のふたつに比してサードセクターが充分に育っていないこと、協同組合にしても日本では社会的なインパクトが弱いことなどを指摘したうえで、社会的経済が実践の場から歴史的に積み上げられてきたヨーロッパとの違いを指摘している。さらに社会的経済の理論を越えるために登場した連帯経済の概念は日本にはまだ必要のない理論であると述べている。そのうえで、こうした理論の場を日本の歴史のなかにゼロから創造していく必要があるとしている。このことから、斎藤氏は日本においてはその歴史的背景の違いもあり、同様の経済システムが実践の場として発展しているとはいえないという見解であるといえる。一方で、ヨーロッパにおける展開状況を基に、日本においてこうした理論、その実践の場の広がりの場をどう表現していくかが問題としているように、これまで上記で議論されてきたようなヨーロッパにおける社会的連帯経済に一定の意義を見出し評価している。共同連がイタリアの社会的協同組合の実践に触れるなかでその目指すところを共働事業所から社会的事業所へ転換したことからもそうした傾向があるといってよいだろう。

また、共同連を労働統合型社会的企業の一つとして捉えられるかについてであるが、それには、共同連が一般に言うところの「中間的就労」をどのようにみなしているかが関係する。宮本氏（2012b: 216）は、労働統合型の社会的企業を中間的就労に対して役割を担うとして位置づけており、イタリアやスコットランドの制度を引きながらその一般就労への方向性を指摘している。共同連の位置づけとして、この労働統合型社会的企業にあたるとみなす議論も少なくないが、この宮本氏の論を考慮するとすれば、一般就労でも福祉的就労でもない「第三の就労」の場を提唱し、目指すべき場としている共同連のスタンスからは、共同連がヨーロッパの労働統合型社会的企業というカテゴリーに完全に一致するとは言い難い。さらに、斎藤氏はインタビューにおいて以下のように述べている。

> 普段労働統合型なんて言い方はほとんどしない。結局ヨーロッパの理念だから、幅は広いですよね。福祉的なところでもあてはまってしまう。社会的事業所と言っているのは、さらに限られた共に働いて経済的に自立できるというそういうところ。なので、意味合いはかなり違うかなと思います。

すなわち、こうしたヨーロッパで発展した概念としての労働統合型の範疇が広いことを指摘したうえで、共同連の目指す社会的事業所がヨーロッパの概念としての労働統合型社会的企業に合致する訳ではないとの見解を示している。その意味で、共同連としては社会的事業所を積極的に労働統合型社会的企業に位置づけることはしていないと思われる。

とはいえ、米澤氏（2011: 107）の示すようにその活動の歴史をみても共同連は「労働市場からの障害者の排除を問題視して、自ら事業を営み、障害者の就労状況の改善を目指して活動を続けている労働統合型社会的企業」との位置づけを持ち、その実践として、二章でも取り上げるように共同連の一番の具現化の場であるわっぱの会では、可能な人に対して一般就労への移行支援事業が行われている。これらから労働統合型社会的企業の側面があることもまた確かである。これらのことから、共同連は労働統合型社会的企業の性格を一部持ち合わせている団体と捉えることとしたい。

三　小　括

一節では、日本における福祉・雇用施策を概観したうえで、そのなかで誕生し展開してきた共同連のあゆみをまとめた。そこからは、日本における福祉施策の諸外国と比べての量的充実、労働政策のなかでの一貫した雇用根幹の施策的展開がみられた。また、共同連が社会的事業所を目指すに至る展開は、日本社会の現状として必然的なものであったことが考察できる。

また、二節では共同連の社会的な位置づけの把握として、社会的連帯経済の担い手としての側面からの議論をまとめた。ここからは、共同連やその目指すところとしての社会的事業所が社会的連帯経済の担い手であるといえることを確認した。

それでは、実際に社会的事業所はどのような場であり、どのような意義を持ち、そして困難を抱えているのか。第二章では、フィールドワークをもとにその現状について把握し、考察する。

第二章　社会的事業所の実践――フィールドワークから――

この章では、共同連と共同連に加盟し活動している団体等への聞き取り調査や会議参加等を通じて見えた社会的事業所の現在の取組みの実践について紹介する。取り上げたのは現場の取組みとして、NPO法人「わっぱの会」とNPO法人「あしたや共働企画」である。

一　社会的事業所のモデルとして――NPO法人「わっぱの会」――

まず取り上げるのは、愛知県名古屋市を中心に活動を行っているNPO法人「わっぱの会」（以下、わっぱ）の取組みである。わっぱの会は一九七一年に設立された団体であり、他の団体と共に、一九八四年の共同連を結成した中心団体である。また、八八年には社会福祉法人共生福祉会を設立しており、この二つの法人で事業運営、対外的な活動を行っている。以後、わっぱの会と共生福祉会を併せて、わっぱと呼称する。わっぱは四〇年以上の活動の中で様々な取組みを行っており、その事業は食品加工、農業、リサイクルなど多岐にわたり事業高は六億円程である。また、事業所以外にも就労援助や生活援助など様々な取組みを行う複合的な組織である。このわっぱは、共同連を中心になって立ち上げた団体であり、共同連の理念を具現化する一番の場として位置づけることができる。わっぱの取組みを取り上げ考察することで、共同連が目指すべきものやその過程での様々な困難、社会的事業所の今後について探る。フィールドワークに際しては、各事業の見学と代表者からのヒアリング、共同連事務局長であり、わっぱの会理事長の斎藤縣三氏からのヒアリングなどを行った。

(1) わっぱの会のあゆみ

まずは、わっぱの会の活動の概要と、現在に至るまでのそのあゆみについてまとめておく。

わっぱの会の様相

はじめにわっぱの会の現在の様相を概観しておく。わっぱは目指す社会として、以下三点を据えている。

・差別をなくす——偏見をなくす　能力主義をなくす
・共育・共働・共生社会——共に生きる
・相互扶助社会（競争社会の対極として）

またその社会的役割として以下の三点を挙げている。

・共生・共働の場づくり（共働事業所、共同生活体）

・共生・共働に向けて社会づくり（生活援助、就労援助）
・差別・偏見をなくすための運動

具体的には、共に暮らす場としての「共同生活体」の運営、共に働く場としての「共働事業所」の運営、就労援助活動、生活援助活動の四つを活動の軸として展開している。共同生活体としては名古屋市に一四ヶ所、知多郡に一ヶ所を設けており、二〇一五年には新たな共同生活体を名古屋市に設置する予定となっている。二〇一四年時点で現員七一名である。共働事業所については、名古屋市に五ヶ所、知多郡に一ヶ所を設けており、二〇一四年時点で現員一四〇名である。事業所の事業としては、パンや菓子の製造、給食事業、二ヶ所でのリサイクル事業、知多郡で行われている農業である。就労援助としては障害がある人が一般就労できるよう支援を行っており、四ヶ所の事業所を運営、現員は二三名である。このなかには能力開発訓練施設の位置づけのものからスキル獲得のためのパソコン教室なども含まれる。生活援助としては障害がある人が地域で生活できるよう支援を行っており、六ヶ所の事業所を設け現員は四七名である。このなかには、介助派遣や生活相談の場、社会参加活動の場が含まれる。これら四つの軸を中心に展開された各場にいる全員がわっぱの会の会員及びわっぱ互助会に参加している。基本的には名古屋市を中心に活動を展開しているが、知多郡にも「わっぱ知多共働事業所」を設けており、農業や食品加工を行うとともに、生活共同体を構え、知多郡にて共に暮らし、働くことを実践する場を持ち活動している。また、行政から委託を受けて行っている事業もあり、「障害者雇用促進法」に基づき愛知県から指定を受け実施する就労援助部門のなごや障害者就業・生活支援センターや、愛知県からの委託を受け、愛知県立名古屋高等技術専門校委託校の位置づけである「なごや職業開拓校」などがそれにあたる。このなごや職業開拓校では、ハローワークからの職業訓練紹介先として、併設の「則武屋うどん」内での体験実習を中心とした一年あるいは二年の訓練が行われている。

わっぱの持つ固有の制度としては分配金制度がある。この分配金制度は、共同連の理念を具現化したものの一つであり、以下のように特徴付けられる。

・各人の能力、業績、等の評価は一切ない
・全員一律の基本分配金と生活状態に応じた加算金
・どの場所でどんな仕事をしても同一の分配
・わっぱの会のサイフは一つ

この四つの特徴には、「第三の就労」の場の理念が具現化されている。一つ目の項目には、反能力主義が反映されている。二つ目の項目には、どんな人とも共に働くこと、そしてその間での対等性が反映されている。ここでの生活状態に応じた加算金とは、子育てをする者など特定の者に対する手当金である。三つ目と四つ目の項目には、様々な働く場があるなかでその仕事内容やそれぞれの場があげる収益は異なるが、それらを一つにまとめてわっぱの会全員であげた収益とみなすこと、またそうしたなかでの全員の対等性を表している。

わっぱの会のあゆみ

次に、わっぱの会が現在に至るまでどのような展開をしてきたのか、そのあゆみをまとめる。一九七一年に設立されたわっぱは、障害者を守るためのものといわれた施設が、実際には隔離された施設という差別的性格を持つことを目の当たりにした斎藤氏らによって設立され、その設立の目的・動機は「障害者の施設が隔離された施設として山の中につくられているというのに対し、街の中で障害をもっている人が生きられる場所を作ろうということ」であった。また、隔離されていることのみならず、職員に管理される障害者の在り方に疑問を呈し、障害者自身の自由を取り戻すべきであるという認識を持った団体であった。そうした点で、わっぱはその設立当初から、一般的な小規模作業所とは異なる側面を多分に持っていた。こうしたことを背景に、また、奈良県に六〇年代存在し、施設でありながら障害のある人もない人と共に暮らし、働くことを実践していた「心境荘苑」をモデルに、名古屋市内のボランティア団体のなかで資金を募り、障害者一名、健常者二名で共に生活を始めた。障害の有無という隔たりを越えた共同体をつくるという理想のもとでの、経済的基盤のないスタートだったという。

こうして地域で共に暮らすことを実践しはじめたわっぱは、経済成長下で健常者にはいくらでも仕事がある一方で、障害者を雇ってもらえないという現実に直面し、翌年の一九七二年から「わっぱ共同作業所」を開設し共に働く場を設けて卵や野菜の販売、印刷、紙器加工で生計を立てていった。しかし当時は助成もなく、八〇年代に入るとそうした近所での下請けのような仕事での限界が問題化していく。このようななかで自分たちの手で何かを生み出す事業への取組みに迫られ、行き着いたのが手作り食品の分野であった。この分野においては手作業に価値がおかれていることに注目したわっぱは、斎藤氏のパン工場での半年間の無給見習いを経て、一九八四年、共同作業所としては初めて国産小麦使用・無添加パンである「わっぱん」の製造を開始、一九八五年には製造、直販を行う「ベーカリーハウスわっぱん」を名古屋市内に設けた。

当時、社会では食品添加物の問題が社会の中で表面化し、そうした消費者運動が盛んに行われていた。そうしたことを背景に安全なパンとしてわっぱんは認知度を高め、事業も軌道に乗っていった。さらにこのパン製造では、様々な工程のなかで、障害者の得手不得手に応じた配置をすることができるのも良い側面であったという。こうして急成長していったわっぱはこのころから上述の「分配金制度」を取り入れる。それはこれまでは全員が生活し働く場を共にし分配する必要がなかったものの、徐々に働く場に別の場から通いにくる人が現れ始め、そうした人たちにも分配をしていく必要性にかられてのことであった。このように、当初から共に暮らしていくために平等に分け合おうという考えが自然発生的に理念として根底にあったために、能力主義ではなく対等な分配制度の基礎ができていったという。そして同時に、障害の有無の隔たりを越えて、共に働き事業として成り立つという、「共働作業所」が実態として見える形になってきたのもこのころであった。このようななかで一九八一年、わっぱは同じような意識を持つ他団体と共同連の準備会を結成、一九八四年に共同連が結成された。

また、一九八八年には経済的基盤の安定のため、社会福祉法人「共生福祉会」を設立した。あくまでも理念に対等性を含み、既存の施設の在り方を批判してきたわっぱにとって、社会福祉法人格を取得し「福祉施設」を運営することはその理念に反することにもなりかねず、議論が重ねられた。しかし一人ひとりへの分配金が未だ十分でない状況のなかで行政からの助成を最大限に利用する必要性があること、またそれまでの活動を通して分配金制度など自分たちのスタイルを確立し始めたこの段階において形式をある程度行政のものにあわせても、実態を変えないでいられる柔軟性を獲得していたことから、社会福祉法人化へ踏み切っていったという。このように、制度を利用はしても、自分たちの場の実態は変えず共に働き共に生きる場にしていこうという信念は、わっぱ、そして共同連加盟団体に現在にまで続いている。

またこの頃から、本格的に共同生活体を開所運営、同時に生活援助も含めた働く場だけではなく地域で暮らしやすい環境づくりを進めていく。さらに九〇年代以降は、リサイクルなどの別事業の展開を進め、一九九六年には、知多市に共同生活体を開所すると二〇〇〇年には知多郡武豊町に移転し「わっぱ知多事業所」を開設、本格的に農業を開始した。二〇〇〇年以降は、ヘルパー養成の研修事業をはじめたほか、相談事業の開始、一般就労移行の支援などの取組みを行ってきた。また障害者団体との交流なども積極的にはかり、二〇〇四年、二〇〇七年にはアジアの障害者交流を目的とする障害者国際交流大会にも参加している。このように自分たちの場づくりだけにとどまらず、社会全体に積極的に関わり、発信していく側面も持ちながら、現在に至るまで活動を続けてきた。

それでは、現在のわっぱはどのような局面にあり、どのような課題に直面しまた対処しているのか。フィールドワークからは、時代の変化に対応してきたわっぱが現在直面する局面の一端をみることができた。以下二項でそれらについて概観し考察する。

(2) わっぱの会の現在――高齢化と世代継承――

第一に挙げるのが、わっぱの会内での人員の高齢化と世代継承についてである。設立から四〇年が経ち、立ち上げ初期からのメンバーもいるなかで、組織内では高齢化が進んでいるといい、これまでわっぱ内で働いていた人のケアや余生をどう考え、支えるかということを考える局面に入っているという。また、中心メンバーの高齢化が進む中で、次世代への継承といった側面にも目を向ける段階におかれている。

まずケアや余生を考えるという面で、わっぱでは新たな場での対応を進めている。二十年以上など長期にわたって働くメンバーの少なくないわっぱにとって、こうした高齢化に伴うケアや余生に関する問題は以前からわっぱ内で共有され、議論されてきたものであった。その一つの対応策として設けられたのが、二〇一四年十一月開設の「生涯活動センターわっぱーれやまぐち」(以下、わっぱーれ)である。生活援助のうちの社会参加活動に位置づけられたこの場は、わっぱで働いていた人のなかで高齢により働くことが困難になった人たちが日中集まれる場として設けられたものである。様々な障害があり、できることできないことがそれぞれ異なり、また必要な介助が異なるなかで一般的なデイケアサービス施設のように同じことをして過ごすのではなく、それぞれに合わせた過ごし方ができるように配慮されている。

このように、組織内の高齢化に伴う本人自身の生活の充実への対応がはかられているが、わっぱーれは地域への積極的な交流の場としての機能も担うことが予定され設備整備されている。具体的には一階部分にある地域の人も使用可能なフリースペースや、子ども向けの絵本スペース設置、高齢者の身体機能維持向上と子どものための抗菌機能の整った室内砂場などである。こうした設備に加え、地域の様々な行事などに積極的に参加することが検討されているという。こうした地域との関わりについて、斎藤氏は以下のように述べている。

高齢化してきているので一ヶ所にとどまらず（わっぱーれのような場は）増えていくと思いますが、そういう人だけの場にならないように地域に開かれて、地域に喜ばれることをしていきたいというのはあります。お祭りや子どもたちとの活動もこっち側からつくりだしていきたいなと。もっと地域との結びつきをわっぱがもっとやっていかないと。地域の人と共につくるというところにもう一歩進めていけたらいいなと思っています。

地域のなかに存在するからこそ、わっぱの場としての充実にとどまらず、わっぱの側から外への働きかけをすることが必要であり、それがわっぱの場の充実にもつながるとの認識であることが分かる。このように、これまでわっぱの場づくりやその発展に注力してきたわっぱであるが、わっぱ内での高齢化に伴いこうした場の必要性は高まっており今後も増えていくだろうと考えられ、その展開はただ障害者自身のケアや余生の充実にとどまらず、地域とのつながりを積極的に深めていくことで相互的に発展成長していくものと考えられる。

また、見学や各場の中心メンバーへのインタビューからは、中心メンバーの高齢化による次世代への継承にも目を向ける必要性が感じられた。

例えば、知多郡にある、「ちた共働事業所」での農業の取組みを当初から行う中心メンバーからは、農業という特性を背景にして、次世代への継承という側面に留意していかなければならないという声が聞かれた。第一戦で活動を牽引する中心メンバーが高齢化していくなかで、農業という分野の必要なスキルの専門性の高さゆえ、また農業の部門が事業としての安定性確保が現時点では体制として整っていないことなどから、継承に困難を感じていた。そのなかでも、徐々に若手のなかで次世代の中心メンバーを育成するため、問題をどう解決していくかを考えさせながら積極的に仕事を任せているという。

また、エコステーションで中心的な役割を担っているメンバーからは、わっぱの会へのコミットメントが人によって異なり、中心的に活動している人は限定的であること、それゆえに中心メンバーの高齢化が社会運動的側面を持つわっぱにもたらす影響の大きさを危惧する声が聞かれた。

わっぱは、自由参加で様々な会議とか勉強会を開いていて、そこに毎回参加しているような人もいる。だけど、ほとんどのメンバーはそうした活動には参加していなくて、結局いつも同じメンバーが集まっているんですよね。ただそこはあくまでも自由参加で、来ても来なくてもよいというそこの判断を個人に任せるという方向性でやっている。頑張っている人は頑張っているけど、その人達が倒れたときにどうなるかということは直近の課題ですよね。わっぱ内でどう力が足されていくかという。

このことからは、わっぱが個人の自由や裁量を大切にし、また対等性を重視しているからこそ活動へのコミットメントに大きな差ができていることが推測される。こうした状況は、第一線で活動してきた第一世代とも言うべきメンバーの高齢化に際して、次世代への後継者不足や後継者育成の困難といった懸念事項をもたらしている。これは次項で取り上げる団体の規模拡大による、理念浸透の問題とも関連している。

一方で、第一線で活動をする中心メンバーのなかには、そうした懸念を持ちつつも、次世代の時代には必ずしもこれまでの方法を踏襲する必要があるわけではなく、あくまでも次世代のやり方で活動していくのがよいと考える人もいた。しかしながら、わっぱが自らの場づくりだけでなく、社会運動的に社会に働きかけていくことを重視しているからこそ、中心となって活動を牽引する人たちが限定的なものに固定されてきたなかで、その高齢化に伴い、次世代の中心メンバーの育成はどのような方法であれ少なからずわっぱが対処すべき事項になっていることは確かであるように思われる。

(3) わっぱの会の現在——団体規模の拡大——

次に挙げるのが団体規模の拡大とそれに伴う活動に際する弊害である。一九七〇年代から活動を始め、四〇年以上の歳月を経て初期に比べて組織の規模は格段に大きくなっている。斎藤氏によれば、それは「事業の拡大をはかったためではなく、あくまでもその時々の要請に応じて必要な場をつくりあげて対応していった結果」であり、そのような場がつくられることにより、複合的によりよい「共に働き、共に生きること」が実践されてきた。一方で、こうした様々な場の増加がもたらした、活動範囲の拡大や関わる人数の増加はその相互理解や人員確保という面においていくらかの弊害をもたらしていることもまた事実である。

まず、各場同士の関連にみられるわっぱとしての連帯感の薄れである。二〇一四年現在わっぱには六ヶ所の事業所をはじめ様々な場があるが、そこに関わる人数の増加もあり、かつては行われた旅行など相互を知る機会を用意しづらくなっており、結果として各場の連携がとりにくい状況になりやすくなっていることを斎藤氏は危惧していた。実際に、わっぱのメンバーを対象とせず、外部の人を対象にした就労支援を担う場の人々は生活体や事業所の人とのつながりが薄いために、組織内で距離ができてしまったこともあったという。また、わっぱは名古屋市を中心に活動を行っており、知多郡での事業所や共同生活体とは物理的な距離が生じる。こうした物理的な距離は自然とその間の連携や連帯感を薄めてしまうため、知多郡で会議を開いたり研修を各場合同で行うなどの工夫を行っているが、それだけで各場間の連携を深めることは容易ではない。知多での活動を中心メンバーとして牽引している女性は以下のように述べている。

知多という名古屋から一つ離れたところでやっているので、どうしても他とのつながりが持ちにくいというのはありますよ。……ここの事業は他のわっぱの活動がなかったらやっていけないようなところがあるんです。でも分配金は同じですからあっち（知多）は農業だけやっていればいいからいいよなとかいう声もあるんです。パンづくりならパンづくりで、リサイクルならリサイクルで、農業なら農業で、それぞれに大変さがあって、けれどそういうところに目が向かないのはやっぱりお互いを知らないからというのが大きいとは思う。

現在も一年に一度の総会や共同連大会の参加を通して、各場の隔たりを越えた交流は行われてはいるが、活動の範囲も少なく、メンバーの数も現在と比較して少なかった時代と比べるとその連携がとりにくくなりつつあり少なからず弊害となっていることは事実であるようである。斎藤氏は以下のように述べている。

連携というところ、理念の共有もそうだし連携も。よそは目に入らないという状況になりがちなのもある。わっぱ全体の理念とかそういうところをもっと共有していかないとすぐバラバラになってしまう。……みんなをひとつにまとめようとするのは難しいから、少しずつのまとまりをつくりながら、全体を意識できるような仕掛けをつくっていく。みんながそれぞれの場で意見できて少しでもつながれていればまずはそれで良いと思っている。

斎藤氏がこのように述べるように、今後もその活動の幅を広げ、それと同時に関わる人も多くなってくるなかで、少しずつの単位でもつながりをつくり、理念の共有やわっぱという組織としての連帯感を深めるという方針が最も現実的で実効性の高いものであると考えられる。その実践として、例えば上述のように生活共同体や事業所の人々との関わりが少ない、就労支援部門の「なごや障害者就業・生活支援センター」はわっぱ共生共働センター内に設置され、「ベーカリーハウス　わっぱん平安」などと併設されている。このような配置をして場所を同じくすることでそれぞれの活動を可視化できるようにすることが狙いである。このような具体的な策がわっぱ内で展開していくことが期待される。

また、団体規模の拡大は、人員確保やそれに伴う弊害ももたらしている。斎藤氏は「大きなグループでは有り様が違いますから。一番は色んな事業でそれぞれちがうことをやっているから、どこかで人が足りなくなったときにそこに入れるのが難しくて、それぞれの場で人材育成しないといけないのは大変。」として、規模拡大に伴う事業の拡大がそれぞれの場での人材育成を必要とし、時にその人員確保が容易でないことを示している。

また、その人員確保に際しては、関連して理念の共有という側面においても困難をもたらしている。わっぱは自らの場の成長だけでなく、社会にその存在や在り方を問いかけるという運動的側面を有している。そして、その存在を裏付け、確固なものにする法整備がなされていないため、その内部での運動的側面に関する理念共有は大変に重要である。しかしながら、規模拡大に際しては人員も必要であり、必ずしもそうした運動的側面への理解がある人が加入してくるわけではないことが現実であるという。そうしたなかで、理念共有や運動的側面への理解をいかにメンバー内に広めていくかも課題のひとつとなっている。

この課題に対しての取組みの一つとして、わっぱでは、各事業所での加入ではなく、かならず代表である斎藤氏との面接を設け、わっぱにおける理念やその賃金体制が理解し受け入れられるかを確認する過程を設けている。斎藤氏は以下のように述べている。

人をいれるにしてもそれぞれの事業でいれていると、その人にとってはわっぱに入ったという感覚はない。ここがどういう場所かという理念的なこととか賃金体制とか理解して入ってもらわないと、給料が少ないとかそういう不満もでてくるわけで、それを理解して共有していけなければバラバラになってしまいますよね。小さいところからやっていかないと。

伊藤氏（2013）のわっぱの会のなかでの健常者のコミットメントに関するリサーチからは、わっぱの健常者メンバーのなかで、社会運動団体としてより、あくまでも就職先として加入した人が過半数を占めることが明らかになっている。加えてそのような就職先としての加入をした人のなかで、社会運動的な活動に参加をしている人が一定数いることも明らかにされている。このリサーチの結果からは、こうした取組みや理念が色濃く反映された活動が、少なからずメンバーに影響していることが分かる。

わっぱは今後、生活困窮者自立支援法の施行に伴い生活困窮者を対象にした事業を他の団体と連携しながら行っていく方向性であるという。このようにその必要性に応じて新たな役割を担い、場を拡張していくことが今後も予想されるなかで、こうした上記の問題にも同時に対処していくことが必要である。

（4）わっぱの会という場の持つ意義

ここまで、わっぱがどのようなあゆみを経て現在に至っているのか、また現在わっぱの置かれている局面の一部として、メンバーの高齢化とそれに伴う次世代への継承、団体規模の拡大とそれに伴う人員確保やその理念共有といった課題について取り上げた。共同連の掲げる社会的事業所の一番の実践の場としてわっぱの会は活動の場を広げている。このわっぱの会が持つ、社会的事業所という法制化されておらずある意味で曖昧な概念を実践する場としての意義は大変に大きい。その意味でわっぱは社会的事業所の見本としての位置づけを今後も担うことが予想される。このわっぱがどのような点で他団体の見本になりうるか、最後に簡単にまとめておきたい。

まず、対等性と事業性を確保し、賃金の対等として、具現化している点である。既存の福祉的就労にはない障害の有無に関わらない対等性と、反能力主義を掲げながらもわっぱ全体として事業性を確保していることを、「分配金制度」による賃金の対等で具現化していることは、共同連やわっぱが掲げる理念の具現化であり大変意義深い。またその分配金制度そのものだけでなく、それを成り立たせる対等性や事業性という側面においても、他団体においては大きなモデルとなるといえる。

次に四〇年という年月のなかで、自らのスタイル、軸を確立しそれを基にして、理念とは必ずしも合致しなくとも行政の設ける制度を最大限に利用している点である。社会福祉法人格を持っていることに代表されるように、わっぱでは、必ずしも自らの掲げる理念とその制度が一致しなくとも、場の発展や成長のために様々な制度的枠組みのなかにその事業を組み入れ、運営している。それでも社会的事業所としての体裁を保っているのは、他でもなくわっぱ内で共有される理念によるものであり、それを具現化した分配金制度によるものである。理念に見合う制度がなくとも、自分たちの軸を確立することができれば制度を利用したとしても社会的事業所としての信念を曲げることなく活動ができることを示しているわっぱの実践の場として持つ意味は他団体にとってもモデルとなるものであるものだろう。

このようにモデルとなる点がある一方で、わっぱにも、制度や法による弊害を未だ克服しきれず、活動を狭められているという面が存在する。例えば、障害者総合支援法における障害者の一割負担原則により、そうした負担が難しい人が実家に戻るなどしたことで、かつて三軒あった知多の共同生活体は、現在一軒となっている。また、三章にて後述の「悪しきA型」の存在などにより、職業訓練を行っている「なごや職業開拓校」はその定員を集めることに苦戦を強いられている現状がある。

さらに社会的認知についても現状として十分ではなく、障害者や社会的弱者に対しての風当たりが強いなかでそれに起因する様々な困難を抱えている。地域のなかである程度の知名度を持ち活動を展開してきたわっぱであるが、一方で未だに社会においてその展開にあたっての困難はつきない。例えば、知多に新たに拠点をつくるにあたっては地元住民の精神障害者への偏見や差別感情から反対が強くやむなく当初の建設用地から撤退せざるを得ない状況となった。また、二〇一四年十一月に名古屋市内に開所したわっぱーれも、当初はビルの一部を借りての運営を予定していたが、障害者が出入りすることへの理解が得られる物件が見つからず、やむなく用地を購入し建設した経緯がある。このように、一定の知名度を持ち活動している団体であっても未だに偏見や理解のなさのなかで困難を強いられているという現状がある。

さらに、他の社会的に排除されている人たちに関する取組みについて、斎藤氏は以下のように述べている。

社会的事業所への取組みですが、いまはどうしても障害のある人ない人になってしまっているので、いかにそれをひろげていくか、門戸をひらいていくか。（社会的生活困窮者が組織に存在はするが、）意図的にやってはこなかったので。来年から生活困窮者自立支援法はじまって障害者以外の社会的生活困窮者の支援なのでそういう人が参加できる場所をどうつくっていくかが大きな課題。

このように、障害者運動の視点からはじまったわっぱの活動は、これまで障害の有無に着眼点を置いたものであり、その意味では共同連の掲げる「共働事業所」の側面が強いものである。そのなかにいかに社会的生活困窮者を取り入れ、より社会的事業所的性格を強めていけるかは大きな課題である。

また、前項までの局面からわかるように理念の浸透や共有には他の場に通じるであろう困難や課題を抱えている。このようにわっぱ自身もまだまだ多くの困難や課題を抱えているなかでわっぱがそれらをどのように克服し、場としての強さをさらに獲得していくかが他の団体に対するモデル提示になるだけでなく、社会におけるわっぱのみならず社会的事業所に対する評価にもつながる。そのような点において、今後のわっぱの展開が期待される。

二　「同一賃金」を目指して――NPO法人「あしたや共働企画」――

次に取り上げるのは、東京都多摩市にあるNPO法人「あしたや共働企画」（以後、あしたや）である。あしたやは一九九五年頃から活動を開始した団体であり、事業としては自然食品・雑貨・古本販売であり、その他活動として地域の掃除なども行っている。現在団地内の商店街における店舗など、三つの店を運営し、二〇一三年の総売上高は約三四〇〇万円、自立支援法給付金約二四〇〇万円、多摩市補助金約六〇〇万円といった規模で活動している。現在、健常者の有償スタッフ二二名、無償スタッフと呼ばれるボランティア九名、知的障害者四名、知的・身体複合障害者二名、身体障害者四名、精神障害者一名の全五二名で活動を行っている。有償スタッフのうち常勤は四名、それ以外がパートとして働いている。

あしたやの本論文における位置づけであるが、前節で紹介したわっぱの会とは異なり、最低賃金をクリアすること、そして同一時給を維持するという面で、限られた制度のなかでいかに理念を実現するかについて思案し実行している団体の一例として取り上げる。なお、理事の長尾すみ江氏にインタビューを行った。

(1) あしたやのあゆみ

あしたやの活動する多摩市諏訪地区は、一九六五年に都市計画が決定した多摩ニュータウンのなかでも、一九七一年の第一次入居が行われた地区である。この多摩ニュータウンでは、その地域環境もあって様々な運動が展開されていたが、そのなかに障害のあるなしに関わらない、分け隔てない学校教育に対する運動もあった。長尾氏は、そのなかで「地域で共に学び、共に生きる」ための取組みを行っていた多摩市内の任意団体である「たこの木クラブ」の活動に参加し、障害のあるなしに関わらず、共にキャンプをしたり遊んだりして学齢期を過ごす子どもたちを見るなかで、以下のように感じたという。

学齢期を過ぎた（ハンディキャップのない）方は、高校に行ったり大学に行ったりそういう進路がありますよね。けれども、ハンディキャップを持った方というのは、それまで地域（で共に）と言いながらも、義務教育を終わってしまうと行く場所っていうかしらね、拠り所というか、そういうところが共にって言いつつ、用意がされてない。

このような思いのなか、自分たちで居場所をつくろう、共に働く場をつくってみようという考えから、たこの木クラブ内に青年たちと「ハンディをもつ者ももたない者も共に働く場」づくりのための準備会を発足した。これが後にあしたやとなる。長尾氏を含めた障害のない団塊の世代二名と、障害を持つ青年たち三名の五名でのこの発足は、一九九四年のことであった。

一九九五年に、「共に働く」部門としての「たこの木企画」の活動を開始する。開始当初は、地域の支援してくれる団体に対して自然食品のリンゴ、パンやクッキーなどの配達業務を行い、この頃から、売り上げを全員で均等分配してきた。長尾氏は以下のように述べている。

お金というのは、「共に」ということを表すときに、非常に重要なツールなんですよね。……人として対等に働くことを探っていくということで模索しながら始めました。

全員での売り上げ均等分配が、共に働くということの主旨を表すものであったことが分かる。こうした活動を行うなかで、閉ざされた空間において、限られた客を対象にしていた事業の在り方に対して、より社会に開かれた空間で、社会的な認知をもって障害のある人もない人も共に働いている場があるということを広めていくために店舗を持つという目標を抱くようになったという。こうして、あしたやは次のステップへ進むことになる。

店舗を持ちたいという想いに折好く、一九九七年に最寄りの駅である京王線永山駅近くに建設された図書館や消費生活センター、民間企業の収まる複合施設に入る公民館を開くにあたって、市が障害者団体を募っているという情報を聞きつけ、あしたやは手を挙げた。月二回のみという休みの少なさ、朝八時から夜七時までという開店時間の長さもあって他の希望団体がいなかったことから、かくして多摩市永山公民館の「リンク&ショップはらっぱ」売店部門を担当、店舗活動を開始する。家賃も、光熱水費も必要ない店舗で、これまでとは異なり、不特定の人に自分たちの活動をみてもらえることは目標としていた社会的な広がりを持つことにつながり、この売店のみでの活動は二年間続いた。しかしながら、店舗は決して広いとはいえず、働く場として手狭であったことや、店頭での仕事では働きにくい人が出て来るなど、次第に問題が浮上してきたという。このことは、ものを売る上でのノウハウを一定持ったところで、やはり自分たちだけの店舗を持ちたいという次の活動への想いへつながっていく。

その頃、あしたやの活動する多摩市内では、商店街のシャッター街化が進行し、商店街としての機能を維持できない状態となっていた。そこに目をつけたあしたやの人々は、団地を管理運営する住宅・都市整備公団に、空いたスペースを貸してもらえないか話をしにいったという。しかし、その頃法人格もなく任意の団体であったあしたやに対して使用許可は降りず、商店街に店を構えることは困難かと思われた。そこに折好く行われたのが、時の内閣総理大臣である小渕恵三氏の商店街視察であった。この当時、商店街のシャッター通り化にみられるような問題が表面化し、地域の活性が叫ばれていた。その現状視察の一環として、多摩市内の諏訪商店街にも訪れた小渕氏は、シャッターを開けるためにも、公団の持つスペースをそのハードルを下げて貸し出すようにとの通達を出す。この通達により、諏訪商店街において、あしたやは第二の場を持つことになる。一店舗を公団から借りるのは、任意の団体としては全国で初めてであった。一九九九年に、自然食品と雑貨の店「あしたや」が、諏訪商店街にオープンした。

出資金六八〇万円を様々な形で集め、資金以外にも実働など地域の人々の支えを受けるという、これまでの市民活動としての流れが実を結ぶ形で、一九九九年に「あしたや」がオープンした。しかし、その事業継続にあたってはその資金面での問題はすぐに浮上することになる。そのなかで財政安定のため、制度の利用を思案し、いくつかの選択肢のなかから「多摩市心身障害者（児）通所訓練等事業デイサービス事業運営費補助金」を受けることを決める。それは福祉の制度を利用することに他ならないという観点で葛藤はあったが、制度は利用しながらも、あくまでも自分たちのつくりたいと考えるのは福祉作業所ではなく、皆が対等な立場で共に働ける場であるという理念の軸をずらさないことを仲間で何度も確認したという。

二〇〇四年にはより社会的認知を得るために、NPO法人化したあしたやは地域での活動を続け、二〇一一年には、商店街内に古本・雑貨の店として「あしたや　みどり」を開設した。あしたやの持つ三つ目の場となった。二〇一二年からは、事業継続のために、障害者自立支援法に基づく就労継続支援事業B型へ移行し法内化、移行支援基盤整備事業補助金二〇〇〇万円を利用してさらなる事業の拡大や新たな取組みを広げようと実践を続けている。

(2) 賃金に対する取組み——法制度と理念との間で——

あしたやは、その設立時から一貫して、働く全ての人に対して「同一時給」の賃金であることを理念の具現化の一つとして重視してきた。そのなかで、制度を利用し法令を遵守しながらも、「同一」という点を達成するため、わっぱの会とはまた違う形での工夫や、賃金自体を都の定める最低賃金以上に上げることへの挑戦を、現在に至るまで続けている。この項ではまず、あしたやの賃金推移を紹介したのち、制度を利用しながらいかに「同一」を確保してきたか、そして賃金を上げるための事業的な現在の実践についてまとめる。

あしたやの時給推移と利用制度

あしたやの時給は、六〇〇円、四八〇円、五五〇円、五六〇円、五八〇円と推移してきたが、そのなかでもその人のおかれている状況に応じて、個別に手当として相応額を時給に足す形で賃金の調整が行われてきた。

上に挙げてきたように、あしたやでは時給が都の定める最低賃金に到達したことはまだなく、事業高向上などに取組んでいる。また、設立時から維持してきた「同一時給」に関しては、制度利用の関係で二〇一三年に初めて障害の有無による差が表れている。この点については、それに対していかに「同一」という点で対処してきたかを含めて後述する。

あしたやも、他の多くの社会的事業所を目指す団体と同様に、様々な制度を利用してきた。二〇〇〇年からは「多摩市心身障害者（児）通所訓練等事業デイサービス事業運営補助金」を受けた。この福祉制度を利用するにあたっては、あしたや内で多くの議論が重ねられた。

到底、売り上げだけで、その当時働いていた二十人程の給料をまかなうというのは無理ですね。で、じゃあ行政のどこの制度を使おうかという議論も同時並行でやっていたんです。で、私たち自力だけでは障害ある方と効率よく事業するっていうわけにはいかないでしょう。資本主義のなかで、健常者がやってたってつぶれるような社会のなかで、効率がそんなに伸びない、障害のある人たちとやっていくのが、どんなにハンディキャップかって考えたら、やっぱりどこからかきちんと助成金なり補助金なり、制度を使ってやっていかないといという話が当初から出ていて。じゃあどの制度が私たちの活動に見合うんだろうかというのを一年くらい勉強しました。

議論では、ワーカーズコレクティブや企業組合としての運営、障害者雇用促進法における一定期間の補助の利用の案などが出され検討された。そのなかで福祉制度としての、福祉作業所に対する補助としての「多摩市心身障害者（児）通所訓練等事業デイサービス事業運営補助金」の利用が決まった。しかし、実際に制度利用が決定しても、自分たちの持ち続けてきた理念をぶらさないようにという認識はあしたや内で強く共有されたという。

そのとき自分たちを戒めようね、と言ったのは、作業所のお金を使う、貰うけれども私たちが実現したいのは福祉作業所ではない。そこで何が大事かって言ったら理念にあるように人として対等な立場で働くというのがどういうことかということを社会に訴えかけていく。……そういう働くことを目指すために共に働く場をつくりたい、として立ち上げたんだけれども、理念だけでは食べていけない、給料を払えないという矛盾のなかで、制度は使うんだけれども、あしたやを福祉作業所にはしない。そのお金をもらったからといって、私が職員で、あなたが通所生で一方的に教える、訓練するということではないということは頭に置いておこうねという話はしていました。

こうして福祉制度の補助金を利用しながら最低賃金には満たないながらも、「同一時給」の原則を重視し、実行してきたあしたやが、次に制度の選択に迫られるのは、二〇一〇年頃のことであった。法制により従来の作業所の制度がなくなることによるものである。作業所の制度を利用していることで事業継続が成立していたあしたやは、他のどの制度を利用するかについて検討を始める。そのなかで、障害者自立支援法による制度を利用することを決める。しかし、国の制度であったためこれまで利用してきた市の制度とは異なり遵守基準が厳しく、それまで運営していた店舗だけでは要件を満たさなかった。そこで、二〇一一年に古本と雑貨の店「あしたや　みどり」を開設するに至り、同時に制度に合わせて障害を持った人を増員する。障害者自立支援法における就労継続支援事業B型へ移行、法内化し、福祉の枠組みの制度による補助金を受けるあしたやであったが、この段階においても、二〇〇〇年において市の補助金制度を利用した時同様、自分たちが目指すものと利用する制度の考え方との違いを強く認識し共有していたという。

「同一」性の担保

この障害者自立支援法における制度利用によって、あしたやは初めて、「同一時給」の維持を断念せざるを得なくなる。それは、障害者自立支援法においては、職員には最低賃金が保障されているためであった。法令遵守という観点から監査が入ることもあり、この段階において、最低賃金以下での「同一時給」を続けてきたあしたやは、障害の有無によってその賃金に差をつけざるを得なくなる。その差額は三〇〇円程であり、二〇一三年のことであった。しかし、共に働くということとこの制度を利用することに関して一年間議論を続け、時給に差をつけずに、最低賃金を職員とされる人々に渡すことのできる方法を思案する。そこで実行されたのが、「最低賃金調整金」の制度である。

二〇一四年に実行されたこのあしたやの「最低賃金調整金」制度では、障害福祉サービス受給者証を所持しない人に対して、障害の有無に関係なく支払われる時給五八〇円の給料に加えて最低賃金までの差額が最低賃金調整金として支払われる。これによりあしたや内に三種類の給料形態が生まれる。第一に障害福祉サービス受給者証を持つ人に対する五八〇円、第二に障害福祉サービス受給者証を持たない人に対する調整金二九〇円を加えた八七〇円、第三に常勤者に対する時給五八〇円での基本給に常勤者手当八万円を加えた月給一七万二千八百円の三種類である。この制度ではまず、二〇一三年度と受け取る金額は同じであるが、理念の具現化として時給は同一であり、差額はあくまでも国の制度との「調整」のために支払われているものだという点を受け取る側が認識できる点で意義があるといえる。

さらに、あしたやでは、障害者よりも多くの金額を受け取っていることに対して違和感を覚える、あるいは申し訳なさを感じるといった健常者の想いの受け皿として「特別会員制度」というものを設けており、月々好きなようにカンパできる制度をつくっている。特別会費を納めるかどうか、またその仕方は人それぞれ自由で、例えば毎月額を決めておいてもよいし、健常者が障害者との差額分である調整金を納めるのもよいという様になっている。この制度がつくられたことについて、長尾氏は以下のように述べている。


自分たちの理念をどういう風に考えるのかということのツールの一つであるんです。で、これはお金を集めるのも目的ではあるんだけれども、それよりも何故、障害を持っている人といない人で給料が違うのだろうか。で、自分だけ調整金もらって気持ちが悪いという人もいれば、もらってよかったという人もいるんだけど、そのなかでそのことの意味を考えるツールとして、強制ではなく任意の形でやっているんです。

特別会費としてNPO法人に入った金は、皆の研修等に利用されているという。この「調整金」と「特別会費」という二点の存在は、時給が最低賃金を満たしていないことによって起こる、国の制度を利用することの制約と自分たちの理念との乖離を埋めるあしたやの工夫であり、大きな理念の具現化の策であるとみなすことができるだろう。時給が最低賃金を満たしていれば起こることのないこの問題と策は、思いがけず自分たちの理念やその具現化について改めて考え、実行する機会をもたらしている。

事業性の追求

あしたやでは、いまだに時給が最低賃金を満たしたことはない。そのためにも、長尾氏を始めあしたやのメンバーは、日々その事業性をいかに高めるか思案しているという。共に働くことと事業性を高めることの難しさについて、長尾氏は以下のように述べている。

共に、と事業性というのの両輪を回すためには、事業をどこまでハンディキャップを持った人とやっていけるかというのはすごく厳しいんだけれども、だからこそやりがいがあるかなと思うし、社会のなかで働くということについて問いをなげかけることの意味でもあるかなと思っています。

他の社会的事業所あるいは社会的事業所を目指す団体と同様、あしたやという実践の場でも、事業性を高める困難は大きいといえる。そのなかで、あしたやの事業性を高める取組みのいくつかについて、紹介しまとめる。

まず一つ目が、事業性を高めるための経営コンサルタントの助言指導を受ける試みである。あしたやでは、「わくわくもうける会」、通称「わくもう会」として、経営コンサルタントを受けている。二〇一二年度からのもので、多摩市の経営コンサルタント派遣事業を受けて立ち上げたものである。ハンディキャップのある人と共に、どのような事業で、どのような負荷をかけていくか等指導を受け勉強しているという。二〇一二年度、目標に決めていた売り上げは届かなかったものの、これまでになかった新たな視野を入れながら事業性について様々に考えることは、あしたやに大変な意味をもたらしているという。

二つ目に、新しい事業の開始である。あしたやは近年、高齢者への弁当配達サービスを行っている。元々、あしたやで扱う食材などを使って総菜をつくるなどの食品加工事業を行っていたこともあり始めた事業だという。背景には、地域の大きな特色がある。それは、高齢者の増加である。多摩ニュータウンのなかに位置するあしたやの周辺環境は高齢者の増加する団地であり、配達に際しては、安否確認の意味合いも含まれている。こうした特色をみても、この事業に大きな社会的意義と、そして大きな展開の可能性を見出しているという。そのような意味で、地域内での互助的な関係のなかで、循環が上手くまわり、地域のなかで成長していけるあしたやでありたいと長尾氏は述べていた。一般の企業とは異なり、社会的な意味合いを理念として大きく持つ社会的事業所にとって、地域に目を向け、互助的な関係性を重視しながらビジネスを展開することは非常に有効であるように思われる。

このように、あしたやは、事業性を高めるために日々工夫し実践している。しかしながら一方で、あしたやが事業性を高めるということ自体について肯定的でない意見が出ることもあるということにも目を向けておきたい。長尾氏はそうした意見について、以下のように述べている。

総会の時に、障害を持った仲間の親の人たちから、そんなに一生懸命働かなくてもいいんじゃないのって。うちの子は来ているだけでいいんです。あしたやさんに関わっているだけで良くって、そういうハンディのある人が来ているなかで、事業性事業性って言われることで息苦しくなるというかそういう意見が出されることもありました。すごく難しいなとは思ったんだけれども、私が言ったのは、やっぱり「共に」という理念と事業性は両輪であって、片方だけにいかないようにする。だけれども、事業性を高めていかなければこの先生き残っていったり給料を払うということはできないわけだから、そこはやはり事業性を追求していきたいと。そこで事業性をあげるというのは、職員だけじゃなくて、障害のある人も、自分が働いてそれによって給料が上がるという形で還元されるというのは、働く者にとっては当然の想いであるわけですから。働くことというのはそういうことでないかなということを体現して、話続けたいなとは思っています。

このようにみてみると、あしたやにとって、また社会的事業所やそれを目指す団体にとって、理念の実現と事業性の確保の二つの両立こそが、大きな困難でありそして社会的事業所たらしめる要因であるということが分かる。この二つのバランスについて、関係者が葛藤を繰り返しながら、自分たちの目指すものを少しずつ実現していくのが、実践の場での現実としてあることが推察される。

(3)「共に働く」ことをとりまく環境

この節では、あしたやが取組む実践について、賃金以外の側面から取り上げまとめる。

誰とも共に働くことの実践

まず、あしたやにおける障害者以外の社会的に排除された人についてである。共同連が、障害者と共に働く「共働事業所」から、社会的に排除した人たちを排除しない形で共に働く「社会的事業所」づくりへと転換して活動してきたように、あしたやも当初の障害のある人もない人も共に働く場というところから、現在では社会的に弱い立場にある人も排除せず共に働く場へと変化してきているといえよう。しかしそれは、共同連が「社会的事業所」づくりへと転換したタイミングで同じように方向性を転換したのではなく、自然な流れであしたやに、障害を持たない社会的な弱者が寄ってくるようになったのだという。

現実としてそういう社会的な排除を受けて働くことのできない人が出てきている、行き場のない社会になってきているから、共同連とは関わりなく来始めたということですよね。それは現代社会の反映でもあると思いますよ。（それはあしたやがそのように呼びかけたり働きかけるのではなくてということ？）自ずと寄って来るんです。それは地域における役割としてやはりあしたやの活動をしているというのはそういう人が寄ってきやすいわけですよね。居心地だったり向き合い方だったりが普通の企業とは違う、というところで自ずとそういうところに寄って来るというのがあるんだとは思います。

実際に障害手帳を持っていない、社会的なハンディキャップを持った人もあしたやでは働いているという。その意味で、あしたやは地域に開かれ、そしてそのつながりが障害のない社会的な弱者とのつながりをつくってきたといえ、社会的事業所を目指す団体として理念を具現化してきたといえる。しかしながら一方で、長尾氏へのインタビューのなかでは、これまで障害者との共に働く場として成長してきたあしたやであるからこその、障害のない社会的弱者の人々との関わることへの不安や困難も見受けられた。

なかなか社会で働きにくい人が来るわけですよ、障害者手帳を持っていない。そういう人が来たときの難しさというのはありますよね。色んな訳があってそういう風になっているので、その人たちと共にというのは、その度に私たちも経験したことのないようなことがでてくるのでそれを受け止める力が足りないなと思うこともありますね。ただ、ネットワークのなかであしたやさんならなんとかなるんじゃないかしらとか、こんな人がいるんだけどどうかしらという話もかなり多くなっている。それはやはり社会のあり様というか現代が持っている問題がみえるかたちで表れているということ。そのみえるかたちで表れていることに対して私たちが果たせる役割があるならばやったらいいんじゃないかなと思ってやっています。だから障害者だけではなくて課題を抱えた人がお集まってくるのは私は至極当然のことかなと思っています。だけど、集まってきたら集まってきたで、やっぱり障害者とは違う課題が持ち込まれるということにはなりますね。

理念を実現するために働きかけるというわけではなくとも社会的に排除されている人が集まってくることを長尾氏は「時代性」と表現していた。このように、あしたやはその社会の要請としての担うべき役割を受け入れ、経験の少なさからの困難を持ちながらも、果たしてきている。あしたやのように、地域において社会的に排除されたり孤立しがちな人々に対して開かれた場としての役割を担う場は、社会的な排除や孤立や問題となっている現代社会において、非常に重要であるといえる。

しかしながら、その「時代性」にも関わらず、そうした社会の担い手に対する十分な国の制度が整っていないのもまた現状である。長尾氏は韓国において整備されている社会的企業育成法に触れながら、日本においてそうした国の制度整備が不十分な状況について以下のように述べている。

日本でも、まず入り口にそういう法律があると、私たちが、社会的弱者と言われている人を受け入れるに際して抱えている問題も、いくらかは緩和されるのかなと。今、障害者手帳を持っている人しかカウントされないわけですから厳しいんですけれども、ここに関わりたいと思う人が来るときに、お給料は最低賃金払わないといけない、だけれども、なかなか一人前に働くことが難しい状況の人に対して、何らかの制度があるとすれば、私たちはその方が苦しくないというのは間違いなくあります。で、そういう意味ではまだまだ不備だと思っています。

このことからは、社会的事業所というものが国における位置づけをいまだに得ていないがために障害者福祉の制度を利用して活動を行うことが、理念という観点のみならず実践の場での制限や困難をもたらすということ、そして、だからこそその枠を越えた制度の必要性、社会的な要請があることが伺える。

人的環境

次に取り上げるのは、あしたやに関わる人についてである。インタビューを行った長尾氏から出たのは、わっぱの会同様の組織内の世代間の継承、そして自分の家族に対する想いであった。

組織の立ち上げから中心メンバーとして活動してきた長尾氏をはじめとする初期メンバーは、立ち上げから二〇年以上を経て段々と高齢化してきている。それに対して、特に障害を持たない若い人が、そもそもあまり入ってこないという。それは、多摩ニュータウンという地域特性に加え、あしたやが若い人が自立して生活するには給料が十分でない職場であるということの結果であると長尾氏は述べていた。さらに長尾氏は、自分が活動するにあたっての、家族との関係についても以下のように述べている。

今の資本主義の日本のなかで暮らしていくには、自分には家族がいる、子どももいる、教育費もいるというなかでは私の給料だけではとてもやっていけない。そのときにどうするかと言ったら、家族のなかの夫の立場があるわけですね。……私はやりたいことを、NPO法人のなかで活動していきたい。となると、家族関係のなかでも、自分はこういうことをNPOのなかで給料は低いけれどもやっていきたいということを理念を含めて子どもや夫に伝えてそれに理解を求める、という風に家族の理解がなかったらこの仕事はやっていけない。もっと稼げと言われたらそれまで。

このように、長尾氏自身も自分の給料だけでは、生活していけないということを自認していた。特に若い人たちについては自立した生活をすることがあしたやでは簡単ではないということであろう。近年、大学時代から関わるあしたやの理念に共感し働きたいと志望して大学を卒業した新卒者が常勤スタッフとして働き始めたといい、そのスタッフには手当という形で、一人で生活できるだけの賃金を補填しているという。それは、「この人に手当を出さなかったら、あしたやの場としての存続自体がいずれ危ぶまれることになる」という考えのもとからのことだったという。

　掲げる理念や制度の未整備も背景となって、同一時給が最低賃金を越えていないということにも表れているように、稼ぐ場としての力が一般企業と比べて弱いことが、たとえあしたやの掲げる理念に共感し、共に働きたいと考えた若い人がいたとしても、一歩足を踏み出しにくい、すなわち次代を担い得るメンバーを集めにくい要因の一つになっていると考えられる。

　さらに、組織内における様々なスキルや理念の継承については、わっぱの会同様の危機意識を持っているようだった。現在中心メンバーとして活動するスタッフのなかには、共同連の大会で実践現場での若手中心メンバーパネリストとして登壇するようなスタッフもいるというが、長尾氏は、自分のスキルや理念について、組織内により浸透させていくことが急務であると考えているといい、研修や共同連の場での他団体との交流といった様々な取組みで積極的に若手を参加させているという。

(4) あしたやの場から読み取れること

　この節では、多摩市にある「あしたや共働企画」の実践について取り上げた。立ち上げから中心メンバーとして活動している理事の長尾氏へのインタビューから、「共に働く」ことの具現化としての「同一賃金」の実践のあゆみや、制度を利用することと理念を具現化することの二つの両立にあたって様々な困難があることが伺えた。この節では給料という側面から、「共に」の理念の具現化への取組みをまとめたが、その他にも、理念の具現化といえる取組みを行っている。例えば、障害のある人は訓練生、利用者であるという作業所とは異なり、全ての人が経営や様々な決定に関わるという観点から、全員参加での総会を月に一回開催している。しかしあしたやについて、前節で取り上げたわっぱの会との大きな違いはやはり事業規模、そして賃金に関する点であろう。最低賃金に到達するだけの力がないということが、活動や人的環境など様々なところに影響していることが分かる。

このようななかで長尾氏は、国の制度に社会的事業所というものが組み込まれていかないことを、社会的事業所の場の少なさ、あるいは実践を行う自分たちの力のなさの表れの一つとしていた。しかしながら、長尾氏がインタビューで何度も繰り返していたように、理念と事業性の両立という点を決して諦めることなく意欲的な活動を続けているあしたやという揺るぎない実践の場の一つが存在している。そしてそのなかで現実として制度が整っていないことの弊害が多数見受けられ、制度に組み込まれることによって解決されるであろう、問題が多くある。こうした状況下で様々な社会的な要請を担い、自分たちの理念を守るために、様々な工夫を社会的な役割を背負う団体側だけがせざるをえないという現実は、そうした側の努力の問題だというだけで見過ごされてよいものではないであろう。

(3) 小 括

二章では、社会的事業所の実践として、わっぱの会とあしたや共働企画の取組みを取り上げた。その事業の規模や形態は異なるものの、両者ともそれぞれの地域でそれぞれに求められる役割を積極的に担い活動していることが分かった。また、その活動にあたっては、法整備がなされていないことをはじめとする様々な弊害が存在し、そうした制約があるなかで各場が各場なりの方法でそれを克服することを強いられている現状を実践レベルで把握した。

このような社会的事業所が、場として具現化していることの重要性や説得力は高く、こうした場がより広がっていくことが期待されるが、社会的価値の担い手と経済的価値の担い手がかけ離れている現代日本社会において、こうした場が広がるにはあまりにもその各場への困難や負担が大きい。これら社会的事業所をとりまく困難やその背景には何があるのか、第三章では共同連がそれらにどのような取組みを行っているかを含めて考察を行う。

第三章　社会的事業所の困難とその背景

この章では、前章で取り上げた実践の場の取組みにみる、社会的事業所をとりまく困難とその背景について考察する。国における制度の未整備と、資本主義経済のなかにおける社会的事業所の理念の浸透や達成の難しさについて取り上げる。そのなかで、共同連はそれらに対してどのように取組んでいるか、またその期待される展望について考察する。

一　国における制度の未整備

前章で取り上げたように、国において共同連の目指す社会的事業所のようなものに関する制度は未だ整備されていない状況にある。そのことは、多くの団体において現場レベルの様々な困難を引き起こしている。この節では、まず現在の日本の福祉・雇用施策の現状をまとめる。また、国レベルで社会的事業所と同様の事業体が制度化している、イタリアと韓国の法整備についてまとめた後、日本において地方単独ではありながら、行政としての位置づけがなされている一例として滋賀県「社会的事業所制度」を取り上げる。

（1）日本における現在までの福祉

生活困窮者自立支援法の登場

これら障害者福祉とは異なる展開からつくられたのが生活困窮者自立支援法である。二〇一三年、生活困窮者自立支援法案と生活保護法一部改正案が一体的に成立し、二〇一五年四月から施行される。このタイミングでの、生活困窮者という新たな視座での法制定には、核家族化の進行や終身雇用慣行の変化などにみられる社会状勢や経済社会の構造変化に伴う「社会的排除」の危険性の増大が国の政策的にも議論されるようになったことを表している。二〇〇〇年の厚生労働省の「社会的援護を要する人々に対する社会福祉に関する検討会報告書」の公表以降、二〇〇三年のホームレス自立支援法、二〇〇九年の生活福祉資金のなかにおける総合支援資金の創設、二〇一一年の求職者支援制度の施行、二〇一二年のホームレス自立支援法の五年間期限延長などの対策の系譜上に、二〇一二年に社会保障審議会内に「生活困窮者の生活支援の在り方に関する特別部会」が設置され、生活困窮者自立支援法への準備が進められてきた。（中島、2014）厚生労働省生活困窮者自立支援室長である熊木正人氏は、この法律を「生活保護以外の生活困窮者の人に対する制度」としており、この法律における生活困窮者の定義は「現に経済的に困窮し、最低限度の生活を維持することができなくなるおそれのある者」とされている。

この法律によってなされる事業は、生活困窮者自立相談支援事業、生活困窮者住居確保給付金、生活困窮者就労準備支援事業、生活困窮者一時生活支援事業、生活困窮者家計相談支援事業と定められている。そのうち、最初の二つが必須事業であり、それ以外は任意の事業である。また、二〇一五年の施行に先立って、二〇一三年からは、生活困窮者自立支援促進モデル事業として各自治体での取組みが始まっており、柏井氏（2014）によれば、二〇一四年度のモデル事業は二五四ヶ所に及んでいる。しかしながら、モデル事業としての必須は自立相談支援事業のみであり、社会状勢改善の要となりうる就労準備支援事業については任意となっている。その背景として柏井氏（2014）は、「生活困窮」が「経済困窮＋社会的孤立」という現代日本の問題の複合性を意味しており、社会的企業による労働統合とは異なり、福祉的支援が柱になっているために、生活困窮者就労準備支援事業は任意であり、資金手当もないと論じている。さらに、福祉的側面からの生活支援をする代わりに、就労を自助努力の論理に任せている点を指摘している。

斎藤氏（2014）は、生活保護以外の生活困窮者に対する施策に乏しい状況下での、第二のセーフティネット構築とみなせるという点においては、政策は評価されてよいとしている。また、この法律と障害者との関連について、ホームレスやニート・引きこもりといわれる人、刑余者といった生活困窮者のなかに障害者が多く含まれていることを指摘しているほか、障害者手帳をとれず福祉制度を利用できない障害者の存在があるなかでのこの法律の一定の意義を認めている。熊木氏も、セーフティネットを担ってきた企業の安定的、長期的雇用確保の困難や、家族システムのなかで成立してきた公的な社会保障システムの困難が第二のセーフティネット構築へつながった旨の発言をしている。

その一方で斎藤氏（2014）は生活困窮者支援における就労支援について、その一般就労への移行のみを目指した設計や、中間就労という新たな概念の内容について、強く批判をしている。

まず、就労支援において、基本的に一般就労への移行が前提となっている点について、「そもそも簡単に一般就労には結び付かない人々に対する支援をどうするかという問題から始まっており、それを全て一般就労に結びつけましょう、というだけでは何の問題解決にもならない」（斎藤、2014: 26）と批判している。さらに、この就労準備支援のなかで、「軽易な作業等の機会を促進する中間的就労の場の育成支援」という取組みがあり、このなかで「中間的就労」という言葉が登場している。中間的就労という言葉も、未だその意味が使用者によって大きく異なる言葉であるが、斎藤氏（2014）はこの法律のなかでは、中間的就労は福祉的就労と一般就労の中間に位置づけるとされているが制度設計上は障害者の福祉的就労とほとんど同じであることを指摘している。中村氏（2014: 114）も、厚労省のガイドラインによる「中間的就労としての就労形態は、雇用契約を締結せず、訓練として就労を体験する段階と、雇用契約を締結した上で、支援付きの就労を行う段階との二つが想定される。」との文言に対して、「訓練」という形式上の手続きの下に、本来「労働者」として保護を受けるべき労働について労働法制の規制を免れる事態が蔓延してしまう可能性を挙げ危惧している。

これについては、共同連代表の堀氏も同様の考えを示している。すなわち、この生活困窮者自立支援法における就労準備支援は障害者への社会的リハ、就労訓練事業は職業的リハにあたり、「中間的就労」は「授産的就労」であり福祉的就労である、また障害者自立支援法の雇用型「A型」の最低賃金以上の仕組みが欠けているとの見解である。

この法律は通常の五年より早い三年での見直しが予定されており、その施行にあたっては実施面や制度整備面で様々な問題が浮上するであろうことを行政側も認識していることを表しているといえる。法律の施行に先立ち、すでに様々な論者によってこの法律についての解釈が行われ、見解が述べてられているが、四月からの施行以降、引き続きその展開に注意する必要がある。

既存の法整備に対する共同連の見解

共同連に関わる斎藤氏と堀氏の生活困窮者自立支援法についての考えは、上記で示した通りであり、救済や支援といった方向性からの施策に留まっている点や生活困窮者に対する自己責任論の色合いが濃い内容になっていることを厳しく批判している。また、既存の法整備においては、労働政策における雇用の軸の存在や、福祉政策のなかでの別建てでの就労の枠組みなどから分かるように、そのなかに社会的事業所や「第三の就労」の理念を位置づけることは困難である。

このようななかで、障害者総合支援法と併せて、現在も社会的事業所はそれぞれの持つ理念とは異なりながらも、戦略的に制度を選択し利用せざるを得ない状況となっている。第二章にみたわっぱの会では、そのなかで様々な制度を選択し利用している状況である。またあしたやのように、社会的に排除されている人々が地域内において集まってくるという現状がありながらも、障害者福祉の枠組みの制度利用しかできない現状は、少なからず社会的事業所の行動や活動を制限しているといっていいだろう。

共同連は現在、「社会的事業所促進法」の単独立法を目指すのではなく、生活困窮者自立支援法内における事業をいかに共同連の目指すところのものに近づけるかという方向で、対外的な活動を行っている。

(2) イタリア「社会的協同組合法」に基づくB型社会的協同組合

現在の日本における福祉施策の展開をみたなかで、社会的事業所が日本においては未だ法内に位置づけられていないことを確認した。次に、共同連の目指す社会的事業所に非常に近い事業体が国レベルで制度化されている例の一つとして、イタリアの「社会的協同組合法」に基づくB型社会的協同組合を紹介する。この法律における社会的協同組合とは、地域における社会福祉・保健・教育等のサービスの提供、社会的に不利な立場にある人たちの労働統合を目的とする協同組合を指しており、なかでもB型は社会的に不利な立場にある人たちの労働統合を目的としているものである。共同連が共働事業所から社会的事業所づくりへと転換したのには、このイタリアにおける制度と実践が大きく関係している。

法律制定の背景

イタリアでは、一九九一年に上述の社会的協同組合法が制定されているが、その制定過程には、イタリアの歴史的、経済的経緯が関係している。以下、田中氏（2004）の論を用いて、その展開をまとめる。

田中氏（2004, 65）によれば法制化前の一九七〇年代末から、社会的協同組合のルーツとなるような実践が各地で発生してきたという。その当時からカトリック権威によって協同組合は社会的役割の位置づけを確実にしており、教皇ヨハネ・パウロ二世も、協同組合に対する支持を表明していた。また同時に進行していたのが国際的な協同組合運動との連動であり、一九八〇年のＩＣＡモスクワ大会を受けて国内でも「拡大された共益性」を可能とする法的枠組みの議論が進められた。こうした国内外での運動的展開と、実践の拡がりをもって、一九八〇年代初め、「社会的連帯協同組合」というアイデンティティが運動の側でも徐々に形成されていった。また、一九七八年の精神病治療における脱病院化の動きのなかで、それまで病院にいた患者たちが地域に暮らしや仕事を求めたのもこの頃である。

一九八〇年には、はやくも社会的連帯協同組合に関する法案が提出された。その間にも一九八五年の全国大会には五五〇の組合が集うなど量的な拡がりもみせていた。この時点において、既に一九九一年に制定される社会的協同組合法の枠組みとなるような類型や特徴は固まっていたといえる。八〇年代末には組合数は一〇〇〇を越え、地方政府での社会的協同組合に対する制度整備が進むなかで、法制化の議論も進められていった。議論に際しては、その位置づけやボランティア組合員をどのように位置づけるかなど様々な論点が浮上し整理された。こうして一九九一年に、三八一号として「社会的協同組合に関する法律」が制定された。

「社会的協同組合法」の概要

一九九一年制定の社会的協同組合法における社会的協同組合の定義は以下である。

・社会的協同組合は、次の活動を通じて人間発達ならびに市民の社会的統合というコミュニティの全般的利益を追求することを目的とする。
A）社会-保健サービス並びに教育サービスの運営
B）ハンディキャップ者の就労を目的とした、農業、工業、商業ないしサービス業の多様な活動の実施
・社会的協同組合に対しては、本法と矛盾しない限り、当該協同組合が活動する部門に関する法規を適用する。
・いずれの形態の場合も、組合の名称には「社会的協同組合」の文言を含めなければならない。

さらに、社会的協同組合は、四つの類型に分類される。A型社会的協同組合、B型社会的協同組合、混合型協同組合、社会的コンソーシアムの四つである。A型社会的協同組合は、社会・健康サービス、教育サービス提供を目的として活動している協同組合を、B型社会的協同組合は、社会的に不利な立場の人たちの労働参加を目的とする、農業・工業・商業およびサービス業のさまざまな活動を展開する協同組合を指している。また、混合型協同組合は一九九六年に誕生したもので上記二つの目的をあわせ持った協同組合、社会的コンソーシアムは、会員の七〇％以上を社会的協同組合で形成する協同組合として設立される、事業連合組織である。

このうち、共同連の目指す社会的事業所と最も関連が深いのが、その四類型から分かる通り、B型社会的協同組合である。このB型社会的協同組合は、報酬を受け取る労働者の、三〇％以上が「社会

的に不利な立場にある人々」で構成されなければならない。ここで規定される「社会的に不利な立場にある人々」とは以下の通りである。

・身体・精神ならびに感覚の障害を持つ者
・精神科施設に入院していた者
・薬物依存者
・アルコール依存症患者
・家庭が困難な状況にある年少者
・拘置にかわる措置を認められた受刑者

これ以外に、内閣総理大臣の政令で指定された者も認められる。医師の診断等により、何らかのハンディキャップが認められれば不利な立場にある者として認められるケースが多いという。このようにみてみると、社会的に排除されている人が国法内である程度の水準で明確に定義されており、B型社会的協同組合がその社会統合役割に大きな特徴を持っていることが分かる。

田中氏によると、二〇一一年時点で社会的協同組合数は一万三九三八組合、労働者数は三一万七三三九人、ボランティア三万四七八人、事業高八九億七〇〇〇万ユーロとなっており、二〇〇〇年代に入ってから組合数、事業高ともに大きな伸びを示してきたという。二〇〇五年時点での、組合数が七三六三ヶ所であることを考えるとその伸びが感じられる。また、その類型別割合は二〇〇五年時点でA型が五九％、B型が三三％、混合型、コンソーシアムがそれぞれ四％程度を占めている。

この社会的協同組合法においては、ボランティアに従事する組合員の加入を組合員の半数未満にすることやB型協同組合に対する財政優遇や公共契約における優遇などを定めている。

なお、イタリア国内には二〇〇六年制定の社会的企業法が存在するが、こちらは協同組合に限らず多様な法人形態が対象となるものである。その成立背景に、公共入札に際し協同組合のみに優遇策がとられていたことへの第三セクターからの異議があるが、社会的企業はなかなか広がらない実態が指摘されており、公共入札に際する優遇のみが得られるメリットである現状では、その広がりが見込めない状勢を示している。

イタリアにおけるB型社会的協同組合の現状

上述のように、イタリア全土で社会的事業組合数、事業高は増加傾向にある。田中氏は、法制化がもたらしたものとして五点を指摘している。一つ目に社会的協同組合における中心的な担い手の多様性と重層性、二つ目に社会運動を出自とする当事者視点へのこだわりがもたらした当事者のイニシアティブやニーズに依拠した取組み促進、三つ目にすべての人々に労働を通じた社会参加の権利が保障されるべきとの理念の探求としての社会的認知と適切な賃金保障を伴う労働が目指されたこと。四つ目に、非営利事業における「脆弱」的なイメージに対して、そこで働く者たちにとって、「労働者自身の人生を豊かにすること」や「自分たちがやっていることの理念・価値を分かちあうこと」が協同組合労働の魅力として挙げられ広まっていること、五つ目に州行政に対する地域の諸主体との「協同」の明確化を義務づける「社会福祉基本法」によって、地域単位での社会政策や福祉サービスの計画策定、事業評価が行われているという制度的環境が整備されていることである。こうした状況を踏まえ、田中氏は「地域における社会的サービスの底上げと、人間が大事にされる働き方の探求とが、結果として雇用創出に結びついていった様子」がうかがえるとしている。

一方で、こうした制度を擁するイタリアにおいても、法整備における問題点が指摘されているほか、社会的協同組合を取り巻く厳しい国内状勢は続いている。

内閣府の委託調査による社会的協同組合へのリサーチでは、B型の定義する「社会的に不利な立場にある人々」の範囲がヨーロッパ基準と比べて狭義であるという意見や、中小企業向けの施策対象に社会的協同組合が入っていないことなどがその問題点として指摘されている。こうした法整備面での問題について、全国レベルの連合組織が「社会的協同組合で働いた経験のある社会的不利な立場にある人を雇用した企業に対して、税制面での優遇措置をつける」といった事項を盛り込むよう働きかけるといったこともなされている。また、田中氏によれば、プーリア州における「コミュニティ協同組合」と位置づけられた者に対する州独自の州法制定など、自治体レベルでの支援も広がってきているという。

さらに、田中氏は、B型社会的協同組合の問題点として、いまだ市場における活動の不安定さを挙げており、公的依存度の高さを指摘している。またB型のなかでも一般就労への送り出しを担う団体のなかには労働市場への送り込みを中心においた協同組合が目立ってきているといい、送り出しを成果としてみなすことにより、対等性が薄くなり、教育をする人とされる人という区分が明確になってしまう現状に対しても危惧している。

またEUにおける失業問題の深刻化や財政危機の状況はイタリア国内においても例外ではない。田中氏（2012a: 45-46, 51）が示すように、一九九一年の法制定後、二〇〇〇年に制定された「社会福祉基本法」において、社会的協同組合は国の社会政策の重要な担い手として位置づけられている。二〇〇〇年代後半からはその国内状勢等に伴い苦しい地点に立たされている社会的協同組合であるが、それでも二〇〇九年から二〇一〇年の労働者数の変化率について、総じてマイナスに転じる個人企業、株式会社、合名会社等に対し、協同組合全体では二・七％のプラスとなっているなど、厳しい社会状勢のなかにおいて少なからず、その存在に社会的意義を持ち合わせてきた。田中氏は、公的扶助に対する一定額以上の課税、非営利セクターへの課税強化、自治体の財政逼迫による委託事業費の遅配など協同組合を取り巻く環境は一層厳しくなっているが、そのなかでいかに社会的協同組合をはじめとする第三セクターがその存在を回復、再構築していけるかが正念場であるとしている。

以上、イタリアにおける社会的協同組合法と、その実践についてとりあげた。日本において同じような法整備がないことや生活困窮者自立支援法における「生活困窮者」像を鑑みるとまず、社会的協同組合や「社会的に不利な立場の人々」を国法内で定義付けていることに大きな意味がある。

イタリアにおいては、その歴史的背景として法整備以前から協同組合の持つ社会的価値が社会に認められていたことがその法整備を進めた一因であるといえる。またその法整備が、新たな雇用や実践での様々な社会包摂につながってきていることが伺え、その存在の社会的な意義も大変大きい。その意味で、共同連や各場において認識されているように、実践の場の増加やその成長によって存在感をより高めることが、法制定に向けては必須であるといえる。

(3) 韓国「社会的企業育成法」における「社会的企業」

次に、イタリア同様、法整備が進み、国レベルでの制度が成立している韓国について取り上げる。韓国では、二〇〇六年に「社会的企業育成法」が成立しており、二〇一一年度からは、各自治体における社会的企業支援計画の策定が義務づけられている。また二〇一一年には「協同組合基本法」が制定、二〇一四年現在、「社会的経済基本法」の年内制定が目指されており、関連の法整備が行われている。共同連は、日韓社会的企業セミナーを通じて、韓国の関係団体とも積極的な交流を行っている。

法律制定の背景

前項でみてきたように、イタリアでは、歴史的背景として協同組合に社会的価値が付与されてきたこともありそれが法制化への動きにつながっていったという側面を持っている。対して韓国の「社会的企業促進法」制定は、そうした市民の下からの動きによってではなくその経済状況を鑑みた行政側から行われたものである。その大きなきっかけとなったのは一九九七年のアジア通貨危機である。これ以降、韓国では給与水準の低い非正規社員の増加、所得格差の拡大が大きな社会問題となり、その対応が迫られた。これに伴い、政府は雇用政策審議を活性化、労働部では二〇〇三年頃より社会的雇用創出事業を本格的に開始した。

一方で、市民活動団体の台頭も、一九八七年の民主党党首による「民主化宣言」から、社会的に顕著なものとなって表れてきていた。韓国では六〇年代以降の経済発展で労働者層が拡大、それらは大企業での労働者の量的拡大をもたらしていた。八〇年代に入り、そうした労働者層の民主化要求や経済的自立や利益への認識変化、さらには経済成長下で育ち社会進出をしてきた若年層の出現により、市民の運動はおおきなものとなっていった。こうした背景のなかで、市民セクターが台頭していくこととなる。また、一九六〇年代にはすでに格差問題に対する運動等が個別の住民運動として存在しており、そうした取組みを行ってきた団体が「民主化宣言」以降、合法的に組織化されていくこととなる。（山田、2014: 38-42）これらをふまえると、市民側の動きもその後の法整備展開に大きく関わっているといえる。

二〇〇三年に開始された社会的雇用創出事業は一定の成果を挙げたものの、山田氏（2014）によれば、持続的雇用創出ができないこと、既存のＮＰＯと社会的雇用創出事業が重複し社会サービスの浪費を免れないこと、福祉事業等と重複し縦割り行政の弊害が垣間見え、さらに画一的な施行が多く地域特性をいかせないなど問題や限界点も多分に孕んでいた。こうしたことから、二〇〇六年には、当時与党のヨルリンウリ党の議員発議による「社会的企業法案」が提出された。これは、二〇〇五年に野党のハンナラ党によって取組まれた「社会的企業の設立および育成に関する法律案」の内容も含んでのものでありこうして「社会的企業育成法」が二〇〇六年に成立した。

「社会的企業育成法」の概要

二〇〇七年に施行された「社会的企業育成法」は、その目的を「社会的企業を支援して、わが社会に十分に供給されていない社会サービスを拡充し、新しい雇用を創出することにより、社会統合と国民の生活の質の向上に寄与すること」としている。その定めるところの「社会的企業」は以下の認証要件によるものである。

・「民法」場の法人、組合、「商法」上の会社又は非営利民間団体など、大統領令が定める組織形態を満たしていること
・有給職員を雇用し、財貨・サービスの生産販売など営業活動を遂行すること
・脆弱者層に社会サービス又は雇用を提供し、地域社会に貢献することにより、地域住民の生活の質を高めるなど、社会的目的の実現を組織の主たる目的とすること　※この場合の具体的な認証基準は大統領令で定める
・サービスの利用者、被雇用者など利用関係者が参加する意思決定構造を整備すること
・営業活動を通じて得る収入が大統領令が定める基準以上であること　※同基準とは、認証を申請した日が属する月の直前の六ヶ月間において社会的企業の営業活動を通じた総収入が同時期の支出における総労務費（サービスや生産に投入された人件費）の三〇％以上となっていること
・社会的企業育成法第九条による定義や規約などを整備すること
・（「商法」上の会社の場合に限り）分配可能な利潤が発生した場合は、会計年度ごとに利潤の三

分の二以上を社会的目的に使うこと

さらに、「脆弱者層」の定義については、二〇一〇年の改正法での定義拡充後、以下のように定められている。

・世帯月平均所得が全国世帯平均所得の一〇〇分の六〇以下の者
・「雇用上年齢差別禁止及び高齢者雇用促進に関する法律」第2条第1号による高齢者
・「障がい者雇用促進及び職業再活法」第2条第1号による障がい者
・「性売買斡旋など行為の処罰に関する法律」第2条第1項第4号による性売買被害者
・「青年雇用促進特別法」第2条第1号による青年の内、又は「経歴断絶女性などの経済活動促進法」第2条第1号による経歴断絶女性などの内、「雇用保険法施行令」第26条第1項及び別表1による新規雇用促進奨励金支給の対象になる者
・「脱北住民の保護及び定着支援に関する法律」第2条第1号による脱北住民
・「家庭暴力防止及び被害者保護などに関する法律」第2条第3号による被害者
・「シングルマザー支援法」第5条及び第5条の2による保護対象者
・「在韓外国人処遇基本法」第2条第3号による結婚移民者
・「保護観察などに関する法律」第3条第3項による更生保護対象者／等(3)

このように、その対象は大変幅広く、かつ明確に定義されている。

「社会的企業」は五類型に分けられる。脆弱階層の五〇％以上の雇用が要件の雇用提供型、脆弱階

層の三〇%以上の雇用が要件で脆弱階層に対する社会サービスの提供型、その二つの混合型、地域社会貢献型、数字などだけでは判断できず審査によって認められるその他類である。最も多いのが雇用提供型であるという。

二〇一〇年の改正法に伴い、二〇一一年二月に社会的企業振興院が設立された。社会的企業振興院は、その目的を現場の社会的企業と行政との連絡調整役割、民間の中間支援組織支援役割においている。この社会的企業振興院の設立により社会的企業の認証プロセスも変更され、現場審査や広域自治体の推薦、審議などを行い認証を行っている。こうして要件を満たし「社会的企業」と認められた団体に対して、この法律では支援を定めている。その内容は、人件費補助、専門人材用人件費補助、社会保険料支援の他、融資事業や投資事業、また財政支援や優先購買支援、経営コンサルティング支援など多岐にわたっている。ここに行政の強い社会的企業興隆への推進がみてとれる。

さらに特徴的なのが、「予備社会的企業」の存在である。これは、社会的企業の要件を満たさないものの社会的企業を志す事業者に対する認証である。また、国だけでなく地方自治体が独自に認証している予備社会的企業も存在する。この予備社会的企業に対しても支援が定められており、人件費補助や、専門人材用人件費補助、経営コンサルティング支援に加え、事業開発費支援を行っている。また、関連省庁の似たような政策が同じ方向性に統合的に整備が行われながら展開してきた。

韓国における「社会的企業」の現状

二〇一四年七月時点で、「社会的企業」の認証を受けているのが一一二四ヶ所であり、六月時点では「予備社会的企業」は一四六三ヶ所である。二〇〇七年時点では前者が五〇ヶ所、後者が三九六ヶ所であることを考えると、量的な拡大が一定のレベルで達成されていることが分かる。また、二〇一四年六月時点で社会的企業における労働者数が二万五千六三三人、脆弱階層の労働者数が一万四千六三十二人となっており、共に二〇〇七年時点から約一〇倍に増加している。

現在は、第二次計画に入っており、さらなる推進計画が実行されている。

このように、二〇〇七年の「社会的企業育成法」以降、短期間で社会的企業や社会的連帯経済を押し進める動きを行政側からの働きかけにより広め、実践の場を増やしてきた韓国であるが、それでもなお、法整備に関する問題、あるいは韓国国内の社会的問題は少なくない。

例えば、量的拡大に比して、質的な向上が達成されていない。それは行政への過度な依存や、期限のある支援が終わった後で、上手く事業を継続できない社会的企業が存在することから明らかである。また、「省庁間のネットワーク化」についてもより連携を深める必要性が指摘されている。

また、韓国国内の状況についても、階層間や企業間、中央と地方などいまだ様々な格差が存在する。また、国際的にみても自殺率や離婚率の高さ、所得不平等の面で厳しいものである。

また、地方と中央の格差という側面からみると、こうした社会的経済の一連の動きにおいて活発なのがソウル市であることにも特徴がある。ソウル市ではこれまでの様々な施策においてこうした動きを牽引してきており、二〇一四年四月には「ソウル特別市社会的経済基本条例」が制定されている。この条例では現市長が中心となって押し進める、格差社会をグローバル化する韓国財閥系企業グループの姿勢に起因しているとしたうえでの市民参加でのグローバルな社会的経済ネットワークを目指す方向性が色濃く映し出されている。丸山氏は、一方でそれはソウルだけでこうした動きが活性化されており、周縁や地方においてはそこまでの熱量での展開は現状として起こっていないことを示しているとしている。例えば、二〇一一年一月時点での社会的企業の地域別の割合を見ても、ソウルが一一四と全体の四分の一を占めており、次ぐ京畿道が八八としているものの、それ以外の十四の地域においては多いところで約三〇、少ないところでは約一〇となっている。人口など様々に考慮すべき点もあるが、ソウル市からいかに韓国全土にこうした経済や枠組みを広めていくかという点にもまだ議論の余地があると言っていい。

その意味でも、二〇一四年年内での成立が目指されている「社会的経済基本法」が前述のソウル市での条例のような方向性を主張する新政治民主連合型のものになるのか、与党セヌリ党の自己革新や自発的な参加を求める保守的な内容になるのかが注目されている。この社会的経済基本法では、「社会的経済」定義や範囲の明確化、社会的経済政策を統括する調整機構の新設などが定められる予定となっている。

これまでみてきたように、韓国では行政が主導して、短期間のうちに社会的企業や社会的連体経済体制を押し進めるような取組みが活性化されている。背景には前述の国内状勢があると思われるが、それでも実際に数字としてはその主導が評価できるものであるという見方が多い。と同時に、日本においてはいまだ、こうした流れには市民の側も、また行政の側も未だ一つ強さが足りないことを実感させられる。ただ、韓国という隣国においてこうした取組みが活発に行われている現状は日本でもすこしずつ認知されてきており、共同連に限らず多数の関連団体が視察や交流を行っている。こうした国際的な交流や連携を通じて日本国内においても関連法の制定に向けた議論が活発になることを期待したい。

(4) 日本における自治体の取組み――滋賀県「社会的事業所」――

共同連の提唱する社会的事業所は、国の制度化がされていないものであるが、いくつかの自治体ではそれに近いような事業体が自治体レベルで制度化されている。現在、そうした流れを持つ地方単独の制度は、大阪府箕面市、滋賀県、北海道札幌市、三重県の四つで行われている。地方単独であっても、制度としての社会的事業所は少しずつではあるが確実に広まりをみせている。

この項では、そのなかで滋賀県の「滋賀県社会的事業所制度」について取り上げる。この制度制定に際しては、共同連に加盟する「ねっこ共働事業所」(以下、ねっこ)も関わってきたため、その関わりについてもあわせてまとめる。

まとめるにあたっては、滋賀県で障害者の就労支援に関わり、制度制定に際しては検討委員会に参加するなどして関与してきた、白杉滋朗氏に話を伺った。白杉氏は、現在滋賀県にあるＮＰＯ法人ねっこ共働事業所(現企業組合ねっこ共働事業所)の代表をつとめており、共同連でも中心メンバーとして活動を行っている一人である。また、磯野博著「障害者雇用における『合理的配慮』と『保護雇用』のあり方に関する一考察~障害者の就労と所得保障のあり方を視野に入れて~」(2011)における、滋賀県社会事業所制度創設に関する記述をもとにまとめる。

制度制定のあゆみ

はじめに、滋賀県の社会的事業所制度がいかに制定されたかについてまとめる。一章にみられたように、障害者の作業所運動が盛んになってきた一九七〇年代ころから、滋賀県にもねっこ共働事業所を含め、共同作業所と呼ばれる作業所が現れ始める。ただし、一口に共同作業所とはいっても、その主体は障害のある人の親や、養護学校の教諭、障害のある人本人など様々であった。そのなかでねっこ共働事業所は、障害のない人たちが障害のある人と共に働きたいという理念のもと、一九七五年に誕生した。こうして、様々な担い手により、様々な形態でまた想いで立ち上がった作業所に対して、全国的に自治体レベルで補助制度が整っていった。それは、滋賀県も例外ではなく、一九七八年に「滋賀県共同作業所入所事業費補助」が開始される。この補助制度ができたことにより、滋賀県内にも作業所が増加していくことになる。この補助制度のなかで、様々な立場や理念で成り立つ団体が、滋賀県では共同作業所という枠組みで扱われ、補助を受けていくことになる。一九八六年には、「共同作業所のあり方検討会」が行われ、ガイドラインとして、滋賀県内の町村部には最低一カ所、市部では中学校区に一カ所という方向性が示された。

滋賀県の共同作業所に関する制度に、新たな検討がなされはじめたのが、一九九〇年代後半のことであった。白杉氏によれば、共同作業所が増えてきたことによる県の財政の問題で、県は「正直これ以上お金を出したくないというのが本音だっただろう」という状況であったという。そのような流れのなかで、一九九六年から一九九七年にかけて、「今後の共同作業所のあり方に関する検討委員会」が滋賀県行政当局により開かれ、「共同作業所実態調査」をもとに、量的な整備から「質的整備」への検討が行われた。この「質的整備」は「所得・地域移行・処遇」の三方面から検討されていった。「所得」とは、月に数千円といった工賃ではなく、それによって生活していけるだけの所得を保障すること、「地域移行」とは、一般就労を目指す取組みをしていくこと、「処遇」とは、ただ障害者を集めておくだけではなく、豊かな活動に取組むことを意味した。この議論は、九三年当時、授産施設協議会であった現セルプ協（全国社会就労センター協議会）が「授産施設の三類型」として、議論していたことの、認可施設ではない小規模作業所という枠組みでの焼き直しでもあった。この時点において、「所得、地域移行、処遇」という側面から「事業型、授産型、創作軽作業型」の三類型の分類が行われた。事業所型の要件は、障害者が五名以上、その半数以上の障害者を最低賃金以上で雇用するというものであった。

これらの議論をもとに、「機能強化」の方向性での制度整備が進められていく。九八年に社会就労事業振興センターが設置されると、二〇〇〇年には、機能強化型共同作業所という類型が補助制度のなかに設けられた。この機能強化型共同作業所は三類型のうち所得を保障する事業型と、豊かな活動を保障する創作軽作業型の事業所があたり、「良質なサービスを提供している」ことを理由にしたものであった。従来型に留保された授産型は、期限を設けて障害者を企業などへの雇用に結びつけることを目的にしたものであったが、授産型を担う共同作業所はなかった。この制度は授産型に比べて、機能強化型に指定された作業所への補助の単価を高くするものであった。この制度は、白杉氏らにとっては、「極めて不充分で不本意なもの」だったという。それは制度下において、障害のある人とない人は未だ、利用者と職員の関係であり、白杉氏らが目指してきた「共に働く」ことと本質が異なっていたからであるという。また、機能強化型に移行できない事業所は従来型としてその枠外に位置づけられ、滋賀県内の共同作業所は事業所型と従来型に二極化していくことになる。このように質的整備を目的に機能強化型共同作業所の類型が設けられるなかで、事業所型は、二〇〇〇年の六ヶ所から二〇〇三年には一二ヶ所にまで増加した。

この増加について、話を伺った白杉氏は大きな成果だという認識であったというが、県側の認識はそれとは異なっていた。それは、六〇ヶ所以上が、機能強化型に移行できず、従来型に留まったという点を問題視するもので、労働施策として不十分であるというものであった。その後、賃金確保型類型構想という所得保障を目的とした工賃向上の計画もあがったが、国の制度としての、総合自立支援法の成立により制度化には至らなかった。そのなかで県は、二〇〇三年の時点で多くの事業所が従来型に留まり、低い工賃のままである一方で、事業所型となっているところの大部分が全員との雇用関係を達成している背景として、障害の無い職員が障害のある人と共に働いていることに着目した。「授産施設と同様、認可外の作業所でも障害のある人が利用者、障害のない人が職員という考え方は社会福祉の観点から一般的であり、ねっこをはじめとした場で行われていた共に働き事業高を上げるという考え方がその当時の県には新しかった」と、白杉氏は述べていた。このようななかで、行政側にもそうした「対等性」の具現化としての、共に働く場の重要性が伝わり、社会的事業所制度の整備が始まっていく。

二〇〇五年に、県単独としての社会的事業所制度が創設された。これは、滋賀県行政当局と障害者団体、滋賀県中小企業家同好会が提唱した「働きたい障害者を応援する滋賀共同宣言」の具体策の一つであったと同時に、滋賀県内における障害者雇用率が一九九八年から二〇〇六年で下降していることを背景に障害者雇用率改善の施策の一つでもあった。（磯野、2010）またこれと同時に、滋賀型地域活動センター制度も新設された。この制度は、滋賀県内の社会的事業所に対し、県と市町が助成金を公布するものである。この制度に関して、第一に白杉氏が重要と主張していたのは、補助金の交付要綱第一条において、その対象を「障害のある人もない人も対等な立場で一緒に働くことができる形態の職場を設置している者」としている点である。これは、こうした場を社会的事業所と呼ぶということであり、そこには利用者と職員の関係ではなく、利用契約ではない、共に働くという対等性が明示されている。行政の言葉でそのような明示がなされた意味は大きいといっていいだろう。この文言によって、これまでの共同作業所への補助金制度では、「職員俸給」となっている運営費の項目も、この制度では「給料」となっており、障害のある人とない人の対等性が表れている。こうしたことは、「障害者自立支援法」における就労継続支援事業の位置づけとしての「一般就労が困難な障害者に働く機会を提供するサービス」という福祉的枠組みとは、理念や目的が違うことを明示している。（柏井、2012）

また、交付要綱において、「社会的事業所」の要件は以下のように明示されている。

ア）障害者従業員が五名以上二〇名未満で、かつ、雇用割合がおおむね五〇％以上（実人数算定）であること。

イ）障害者従業員が就労を継続し、維持できるように支援する機能を有していること。

ウ）社会的事業所内外において、障害者理解等の啓発活動を行っていること。
エ）社会的事業所の経営機関に障害者従業員が参画していること。
オ）従業者全員と雇用契約を締結していること。
カ）労働保険（労働者災害補償保険、雇用保険）の適用事業所であること。
キ）事業所としての経営方針、経営計画が適切であるとともに、利益を上げるための経営努力がなされていること。

ここでの障害は、原則障害関係の手帳の受給者であるが、「大津市要綱」では、「上記に準じる者で市町が社会的事業所での作業等が適当と認めた者」とされており、幅広い障害者の包含を意味している。（磯野、2010）この要綱のなかで、白杉氏が重視していたのがウ）とエ）である。この文言は、「社会的事業所制度」をただの補助制度に終わらせないものにしており、その理念を具現化して示し、各作業所に行動を促すものであるといえる。これを行政側が明示したことには大きな意義があると言っていいだろう。

滋賀県社会的事業所制度の意義

二〇〇五年に制定されたこの「滋賀県社会的事業所制度」は、自治体単独で「社会的事業所」を制度化したものとしての大きな意義があると言ってよい。その要綱のなかでは、「社会的事業所」が行政の言葉で定義されており、そのなかには、共同連がこれまで主張してきたような障害のある人もない人も対等な関係性が反映された言葉が散見される。このように地方単独ではあっても行政上の一定の位置づけを得たことは共同連の進める社会的事業所づくりに少なからず良い影響を及ぼしているとみていいだろう。また、二〇〇八年に滋賀県内で行われた労働のユニバーサルデザイン研究では、滋賀県社会的事業所内において、障害者従業員以外に社会的困難者が少なくとも三〇％以上働いていることが判明しており、障害者を対象にした施策でありながら、社会的弱者全体の包摂に大きく寄与していることを実践として表したことも意義深い。さらに、磯野氏（2010）の示すように、障害者福祉施策として位置づけられながら、障害者と雇用契約を結ぶことで、雇用保険関係の各種事業や補助金を活用できるという点において事業団体が社会福祉と雇用の両面から支援を受けられることは特徴の一つであり、他の自治体における社会的事業所の制度にも引き継がれている。

このように評価できる滋賀県社会的事業所制度にも留意すべき点が含まれている。それはこの制度における「社会的事業所」にあたる概念が、必ずしも共同連のそれとは一致せず、共同連のいうところの「共働事業所」である点である。それは障害者福祉の観点からこの制度が創設されたことを背景にしており、この制度では、イタリアや韓国の法制度とは異なり、障害者以外の社会的に排除されている人に対しての視座は組み込まれていない。社会的排除が大きな社会問題となっているなかで、上述のように、実践レベルで障害者以外の社会的困難者が少なからず働いているという事実があるからこそ、こうした人々を制度内に組み込むことで障害者への施策からさらに一つ大きな役割を担うことが期待される。

また、二〇〇五年の開始当初三ヶ所であった滋賀県における「社会的事業所」は、二〇〇八年時点で六ヶ所にまで増加したが、より多くの作業所が制度を利用するようになるには他制度との兼ね合いなど様々な壁がある。多くの作業所は経済的基盤が不安定であり、様々な補助制度に頼らざるを得ない環境におかれている。そのようななかで、より補助金を多くもらえる国の制度を利用する団体も当然存在する。滋賀県の「社会的事業所制度」の理念に共感していたとしても、事業継続のための戦略としてそうした判断をする団体もあるということである。そうした意味で、自治体単独の制度としての弱みを持っているのもまた事実である。

しかしながら、そうしたマイナス面を考慮しても、この制度の持つ意味は大きいだろう。自治体単独の制度であり廃止されることも想定しうるが、二〇一〇年から二〇一一年にかけての県議会における県知事の「障害者雇用」を進めるにあたって社会的事業所を活用する旨の発言や、当該部長の県の制度から国への制度への働きかけをしていく旨の発言から、滋賀県からの発信や実践は続くと考えられる。また、この制度は他自治体へも広がりをみせている。

現在、地方単独でこうした制度を有しているのは、大阪府箕面市、北海道札幌市、三重県を含め四つである。決して多いとはいえず、また各自治体の財政によって今後も様々な展開が見込まれるが、こうした自治体レベルでの制度づくりが少しずつでも展開していくことが期待される。これらの取組みは、一般就労でも福祉的就労でもない、第三の就労形態の実践の広がりにつながりうるものであるといえる。

(5) 共同連の取組み

以上みてきたように、現状として、「社会的事業所促進法」の成立は未だ難しい状況であることは確かでありその道のりは容易ではないことが明瞭である。

制度の中身に様々な問題があるとはいえ、韓国等諸外国に比べると日本の福祉施策は充実しているといわれている。しかしながら、現状の福祉施策、雇用施策が戦後の長期間のなかで別建てで扱われ、今日まで発展してきたなかで、一般就労か福祉的就労の二分法での理論のもとで施策が展開し、共同連の目指す「第三の就労」という形の議論は十分でなかったといえる。そこに登場したのが、二〇一三年制定の「生活困窮者自立支援法」であり、そのなかでは初めて「生活困窮者」や「中間的就労」という概念が法制上に登場したものの、その「中間的就労」の意味は共同連の立場からはこれまでの福祉的就労の位置づけに他ならないことから、現在の制度上で社会的事業所を位置づけることは困難である。

このような状況のなかで、共同連は社会的事業所を法的枠組みに取り込むために取組みを行っている。代表の堀氏によれば、現在は二〇一五年施行予定の生活困窮者自立支援法における事業をいかに共同連の目指すところのものに近づけるかを運動の中心として展開している。また、福祉と雇用施策の枠を超えた提案としての「社会的事業所促進法」制定に向けても、数年後には取組みを再開したいとしており、今後関連他団体との連携深化などその準備を進めていくことが検討されている。二章で取り上げた二団体の他にも、様々な場で社会的事業所の実践が行われてはいるものの、法制化のためにはより社会的位置づけを向上させる必要があり、その意味で、同じような理念を持った団体との連関を持ち法制化への取組みを続けていくことは必要不可欠である。

二　国の制度未整備がもたらす「社会的事業所」の難解さ

二章における事例にみられたように、法内に位置づけられていない「社会的事業所」にある理念そのものが、能力主義の現代日本社会のなかではときに理解が困難であり、そして達成が困難なものである。このことが、社会的事業所の実践の場が広がっていかない要因の一つとなっていると考えられる。これはこれまで障害者あるいはその他の社会的弱者と呼ばれる人たちに対する施策や国の制度の在り方が浸透しているためであり、そうしたなかで社会的事業所が捉えにくいものになっていることによるものである。この節では、社会的事業所についての浸透の困難さと達成の困難さを取り上げたうえで、それに対する共同連の取組みについて述べる。

（1）理念浸透と理念達成の困難さ

理念浸透における困難

まず、社会的事業所の浸透の困難さである。社会的事業所が法制化されておらず明確な定義がないこと、そして社会的事業所を目指す団体が加盟する共同連内の団体も、法制内の枠組みとして就労継続支援事業などの制度を利用していることが社会的事業所の概念を対外的に分かりにくいものにしている。

例えば、共同連が十一月に東北ブロック設置を進めるために開催した「東北交流会」においても、参加者から次のような声が聞かれた。

・最初は共同連、社会的事業所と聞いても、ぴんと来ないし、きょうされんと何が違うんだろうという感じだった。

・漠然として理想はいいけれどもそれに向かっていこうというのはとても連携がとりにくいし、啓発にならないいし、そういう想いを持っていないところには呼びかけようもないいんですよ。だから、何かモデルがあって社会的事業所はこういうイメージでこういうものをつくっていこうよというのがあるとわかりやすいなと。

これらは、それまで障害者福祉の観点から様々な活動を行い、共同連やその活動に関わりのなかった団体の人々が抱く共同連や社会的事業所に対する率直な意見であり、日本の福祉施策や能力主義の下では自然な反応と言える。このように、概念としてこれまでの制度や施策の枠組みに反するような意味合いを持つ社会的事業所はまず理解されづらい一面を持っている。また、その概念や理念に共感はできても、実践レベルでのイメージがしづらい側面がある。それは在り方の理念とは異なっても、行政の位置づけに組み込み制度を利用していることが一因であり、共同連のスタンスである制度をただ「利用」するだけでその位置づけに満足することはなく自分たちの信念は曲げないという立場は一見しただけでは理解されづらい側面があるということである。

このように、法内に理念と一致するような整備がないことにより、共同連のこうした理念と現実を、行政の枠組み内の制度を利用することですり合わせていく現状が理解されづらく、外部の人にとって実態がイメージしづらい事態を引き起こしている。こうしたことは、共同連の実践が少ないためにその活動に触れる機会は限定され、共同連の理念に触れようという社会運動的な側面を持つ団体でなければ、共同連への参加可能性が薄くなってしまうことを示している。共同連にとって何よりも理念が大切であり、それを社会に広げていくなかでは、その理念理解や共鳴が加盟団体間で必要なことは言うまでもないことではある。しかしながら、新たな担い手をより組み込んで運動として、また実践の場としての展開をみせるには、そうした組み込みに対して共同連のこれまで以上の取組みが必要である。

また、制度が未整備なことは、組織内における理念共有のしづらさをもたらしている。わっぱの事例にみられたように、制度的な枠組みが存在しないからこそ、これまで第一線で活躍してきたメンバーから次のメンバーにこうした理念の側面が明確に理解され、実践に具現化されていくことは容易ではないことが予想される。さらに団体規模が拡大するなかで必ずしも共同連の運動的側面に共鳴して加入したわけではないというメンバーが存在するなかで、実践として理念としての対等性などの側面がメンバー全員に共有されるにはそうした意識づけを小さいところから行うことが不可欠である。

理念達成における困難

前項での浸透の困難さの他にも、社会的事業所が法制化されていないことは、社会的事業所という概念を実践レベルで達成する困難も生み出している。共同連の目指すところの、社会的事業所の位置づけは「第三の就労」の場であり、一般就労のように雇用関係を結び、福祉的就労のようにノルマを設けず各々に則した働き方のできる場である。そのためには反能力主義の体制のなかで、いかに事業性を確立し、社会的価値と経済的価値を両立させる必要がある。しかしながら、行政によるそうした活動を支援する体制がないなかではその両立は簡単なものではない。二章において取り上げたあしたやのように、共同連に加盟している団体のなかでも現時点では福祉的な行政からの補助を受けながら、それでも最低賃金には届かないという団体は少なくない。共同連に加盟する団体の実態として、共同連東北交流会では以下のような発言があった。

・わたしのところは去年五月に共同連に加盟したんです。じゃあ共同連の言っている理念通りかというと、まったく遠く及ばない状態なんですが、考え方としては非常に良いと、賛同するということで目標に向かってやっていこうということで参加したところです。

・理念はすごく賛同してそうなりたいと常に思っている。だけどそこまでいくまでになかなか思うようにいかなくて。

このように、福祉的な国の補助を利用していても、その社会的価値と経済的価値を両立させ、「全員を対等に、最低賃金以上で雇用する」という形で具現化することは容易なことではない。こうした状況もモデルの少なさの一因であり、国における制度がないことが実践レベルでの活動や理念の具現化に大きな影響を及ぼしていることが分かる。

(1)「社会的事業所」への深化

まず一つ目が、社会的事業所への深化である。現在、わっぱを始めとして様々な団体が社会的事業所の取組みを行っており、少なからず場としての意義を大きく持ちながら活動を続けている。しかしながら、一方で、その活動は未だに障害者運動の見地を脱していないように感じられる。

もちろん、あしたやの事例にみられたように、障害がある人もない人も共に働く場である「第三の就労」の場を目指しつくっていくなかで、地域における様々な事情を抱えた人々が集まってくる場としての役割を担い、障害者以外の社会的な弱者をメンバーとして迎え入れていることも事実でありそうした団体は少なくない。しかしながら、共同連やわっぱがその始まりを障害の有無の隔たりを越えた「共に」を実現するための組織としていることもあり、積極的に障害者以外の社会的に排除された人々を受容する過程には至っていない。二〇〇〇年以降イタリアにおける社会的協同組合などとの交流を通じて、これまでの障害の有無を基にした見地をこえた社会的事業所の方針を打ち出しており、「社会的事業所促進法」大綱を作成している。しかしながら、実践のレベルで社会的に排除された人々を含めた「共に」を実現する、共同連の目指すところの社会的事業所を実践できている団体はほとんど見当たらない。その意味では実践のレベルではまだ共働事業所から社会的事業所への転換は十分でなく、今後実践レベルでそうした取組みが行われることが期待される。

そのなかで、生活困窮者自立支援法の施行はそのチャンスにもなるといえる。二章におけるわっぱの取組みでもふれたように、わっぱはこの法律の施行に伴い、他の社会的に排除された人々に関連する団体と連携して新たな事業を実施しようと計画を進めている。もちろん生活困窮者自立支援法における問題点は上記に挙げた通りで、共同連は大きな問題意識を持っている。しかし、「生活困窮者」という概念が法制のなかに登場したこの段階において今後、徐々に社会的事業所としての深化を進める可能性は多く秘めているのではないだろうか。

(2) 関連他団体との連携

上述のように、社会的事業所としての深化を進めることは、関連他団体との連携をより深めることにもつながり、社会的事業所の法制化をより進めることにもなると考える。現在、関連他団体との連携は決して十分であるとは言えない。「社会的事業所促進法」大綱をつくるにあたっては、関連他団体との共同提案を行っている。しかしながら、共同連として継続的にそうした団体と何かしらの取組みや実践を共に行っているという訳ではなく、そのつながりは強いとはいえない。今後「社会的事業所促進法」の制定に向けて再びそうした団体と連携をとっていく方針であるようだが、一団体として決して力が十分でない共同連が他団体と密接に連関を持つことはその法制化に向けて非常に大切である。

また、他の障害者団体との連関についても、その立場の違いからほとんどなされていないが、その法制化に際しては、そうした違いを乗り越えて協力関係を持つことを検討するべきである。大門氏(2014: 195-196)は、障害者関連の団体が、その立場や主張、成り立ちの背景の違いによって分立している状況により政治的影響力を持ちきれないことが、法制化や法改正の困難、先進的自治体の取組みが拡がらないことの一因となっていることを指摘している。共同連の歴史をみても、その掲げる理念は福祉施策のなかにある障害者団体のそれとは異なっており、共同連の存在意義そのものであることから、それを揺るがすということは考えにくい面がある。しかしながら、一団体では大きな力を持ちきれないなかでその相互理解や協力関係を持つことの検討がなされることが社会的事業所の法内整備に何か新たな道を切り開く可能性も考えられる。

一方で、実践のレベルでは生活困窮者に対する施策という側面からみても、地域における様々な団体との連携がとられている団体が多いことにも留意したい。例えば、共同連において中心となって活動している団体の一つである滋賀県にある「がんばカンパニー」の所長は、東北交流会において、障害者以外の社会的に排除された人を内包するに至る背景や経緯を説明するにあたって以下のように述べている。

一法人が全部掘り起こして全部支援するというのは今の時代にあわへんし、さっき言うてた生活困窮者自立支援法では何も補助がないから、なかなか厳しい。ということで、うちのとこでは地域によって違うんですが、社協とかが連携してるし、ひきこもりの若者とか就労の相談を受ける、労働系の窓口もあるし福祉系の窓口もあるしＮＰＯもあるし、っていろんなとことすごい連携をしてます。そこからの紹介でこの子やったらうちに来れるんじゃないかという人が紹介されるし、そういう風な形でやっています。ホームレスの家を探すのは大変やから社協がまず見つけるとか。……いろんな団体と連携をしていって、雇用できる人は雇用する、あるいは中間的就労みたいな形で、一般企業にいける人はそこまでの当座の仕事がホームレスの人には必要やしそういうことをすると。……簡単なものではないから、やっぱり。なのでケースバイケースでやる。ただ、そういう団体とかそういう行政と連携して実績を積み上げて来る。……だからこういうネットワークが他分野においてあるということです。

このように、団体によっては地域のネットワークに入り込み、他団体と連携をとってより広く活動を行っている。地域での連携は、実践レベルでの社会的事業所としての理念実現に大きく寄与しており、必要不可欠である。またこうした連携は地域ごとに少なからず存在しているはずであり、そうした実践の場のつながりを共同連という大きなところに発展させていく策を見出すことを考慮することは、対応の一つとしてあり得ると考えてよいだろう。

三　小　括

以上、三章では共同連や各場の取組みの困難の背景として、国による制度の未整備と、そのために生じる社会的事業所の理念に関する困難を取り上げた。また、二章からの社会的事業所を取り巻く現状の考察を通して、共同連に今後期待される展開について、障害者以外の社会的に排除された人々を取り込んだ活動への深化、関連他団体との連携、共同連自体の社会的位置づけの向上の三点にまとめた。確実に、共同連がこれまで提唱してきた理念は社会状勢のなかで必要になってきているものの、社会的事業所を取り巻く環境のなかではその制度的支えがないなかで、実践の場が社会的認知を十分に受けているとはいえず、そうした場の力のなさが、社会的事業所を法内整備から遠ざけている。だからこそ、実践の場の充実を目指すために上述の三点が進行したとき、社会的事業所の各場の発展やその運動展開の盛り上がりが期待でき、併せて社会的事業所の法内整備に向けても議論がなされることも大いに期待できるといえるのではないだろうか。

終章　おわりに

（前略）

調査を通して、そのほんの一端であったとしても高い理念を持ちその信念を曲げることなく、しかし現実に適応しながら日々困難ななかで共同連関係者の強い想いによって活動が続けられている現状を把握し、こうした形で残すことができただけでも社会的な意味は多少なりともあるだろう。社会的に排除された人々の就労に関して、その実践レベルの関係者の努力だけに頼っている現在の状況はあまりにもその関係者への負担が重く、現状のままではその発展は非常に厳しいといえる。関係者の強い想いが社会的事業所の法内整備やより充実した場の実現によって実ることを願ってやまない。

参考文献
磯野博、二〇一一「障害者雇用における『合理的配慮』と『保護雇用』のあり方に関する一考察～障害者の就労と所得保障のあり方を障害者やに入れて～」（勝又幸子、二〇一一）
大門正彦、二〇一四「日本における社会的企業の現状と課題」（宮本太郎編著、二〇一四『地域包括ケアと生活保障の再編　新しい「支え合い」システムを創る』明石書店。

一八三〜二一九ページ）
柏井宏之、二〇一二「『社会的事業所』間の交流の現段階」（進歩と改革研究会発行「進歩と改革」二〇一二年十月号）
北村典幸、二〇一二「ぶれない、こびない、あきらめない」（きょうされん編、二〇一二、『共同作業所のむこうに：障害のある人の仕事とくらし』創風社）
キム・ギテ「韓国の協同組合基本法と社会的企業」（市民セクター政策機構「月刊社会運動」二〇一四、四月号）
共生型経済推進フォーラム編著、二〇〇九『誰も切らない、分けない経済　時代を変える社会的企業』同時代社。
共同連　活動案内パンフレット
厚生労働省ホームページ障害者の型への施策より「平成二六年度障害者就業・生活支援センター一覧」（二〇一四年一月八日閲覧）
杉本章、二〇〇八『障害者はどう生きてきたか　戦前・戦後障害者運動史増補改訂版』現代書館。
第五回日韓社会的企業セミナー　パンフレット
田中夏子、二〇〇四『イタリア社会的経済の地域展開』日本経済評論社。
田中夏子、二〇一二「社会的排除と闘うイタリアの社会的協同組合」（岩波書店編「世界」二〇一二、一一月号）
特定非営利活動法人共道連編、二〇一二『日本発共生・共働の社会的企業　経済の民主主義と公平な分配を求めて』現代書店。
富沢賢治、一九九九『社会的経済セクターの分析』岩波書店。
内閣府政策統括官（経済社会システム担当）委託調査、二〇一一「社会的企業」についての法人制度及び支援の在り方に関する海外現地調査」（二〇一四年一一月五日閲覧）
中村和雄「生活困窮者自立支援法の『中間的就労』の危険性」（日本労働弁護団「季刊労働者の権利」二〇一四年春）
西川潤、二〇〇七「連帯経済——概念と政策」（西川潤編、二〇〇七『連帯経済　グローバリゼーションへの対案』明石書店。一一〜三〇ページ）
福原宏幸、二〇〇七『社会的排除／包摂と社会政策』法律文化社。
藤井敦史・原田晃樹・大高研道編著、二〇一三『闘う社会的企業：コミュニティ・エンパワーメントの担い手』勁草書房。
藤井克徳、二〇一二「大切なことのこれまでとこれから」（きょうされん編、二〇一二、『共同作業所のむこうに：障害のある人の仕事とくらし』創風社）
堀利和、二〇一三『はじめての障害者問題』現代書館。
堀利和、二〇一四「第五回日韓社会的企業セミナー基調講演　社会連帯経済と共同連的社会的事業所」（二〇一四年一〇月一四、一五日開催）プリント
丸山茂樹「韓国ソウル市の『社会的経済基本条例』制定と『二〇一四グローバル社会的経済アソシエーション』」（JC総研「協同組合研究誌季刊にじ」二〇一四年秋）

山田紀浩、二〇一四「韓国における社会的企業育成法の成立とその背景―成立背景の韓国的要因の検討―」（東日本国際大学経済情報学部「東日本国際大学経済情報学部研究紀要」第十九巻第一号、二〇一四）
米沢旦、二〇一一『労働統合型社会的企業の可能性―障害者就労における社会的包摂へのアプローチ』ミネルヴァ書房。
（編著者の責任において、紙幅の関係から多くの参考文献を割愛させていただいた。）

参考資料

社会的事業所促進法案大綱

この法律の題名は、「社会的事業所促進法」とする。

この法律は、社会的不利を何らかの理由により負わされ、そのため、就労が困難な状態に置かれる者に対して労働の機会を与え、就労が困難でない者と共に働き、かつ、対等に事業を運営することができるようにし、もって労働を通じた社会的包摂を達成することを目的とする。

現下の経済および社会情勢の下では就労が十分保障されない環境にあり、社会的不利を何らかの理由により負わされているため、通常の就労形態では労働の機会が甚だ得にくい者が多数存在する。このような現状において、社会的事業所（以下「事業所」という。）が、これらの者に対する社会的包摂を達成する上で極めて有効であることから、立法措置を講ずるものとする。

「就労が困難な状態に置かれる者」とは、社会的不利を何らかの理由により負わされている者であって、障害者、難病者、ひきこもり、ニート、アルコール又は薬物その他の依存症者、刑余者、シングルマザー、ホームレスの人、性暴力被害者、外国人移住及び生活保護受給者等の人をいう。

事業所は、就労が困難な状態に置かれる者が、自らの労働を通じて社会参加を果たすことにより、職業生活の豊かさを実感するとともに社会の構成員として社会に貢献する機会を確保し、もって他者と等しく共生する社会の実現に寄与することを理念とする。

事業所の運営に関しては、その意思決定において事業所に所属する者の意向を尊重しなければならないものとする。但し、認証を受ける各法人にその法人法に規定される運営との整合性を図らなければならない。その規定は政令で定めるものとする。

事業所に働く者は、労働関係法及び社会保障関係法令の適用を受けるものとする。

事業所の運営形態を問わず、認証基準を定め、当該事業所に対する認証を行う制度を設けることとし、それに伴う必要な公的、社会的支援を行うこととする。なお、事業所の重要な認証基準の一つとして、事業所に働く者のうち、「就労が困難な状態におかれる者」が三〇％を下回らないこととする。但し、障害者、難病者、アルコール又は薬物その他の依存症者以外の場合は、事業所に働く日から三年ごとの時点において「就労が困難な状態におかれる者」と引き続き認めるか否かについては、十四の機関と事業所との協議の上決定するものとする。

当該事業所の運営に不適切かつ不正があると認められた場合、又は五の理念を著しく損なったと認められる場合には、認証を取り消すことができる。

認証に至らない事業所でもその可能性が極めて高いと認められた事業所は、予備認証を受けることができる。その事業所は、認証を受けるまでの間（二年を超えない機関とする。）、認証を受けた事業所に準ずる何らかの支援を受けることができる。予備認証基準は政令で定める。

事業所は、ビジネス手法に基づく事業展開により五の理念を実現する事業体であり、限定された配当後の事業利益は、その事業に再投資し、又は、地域社会に還元することとする。商業、工業、サービス業、農林水産業等のあらゆる業種に属する事業のいずれかを営み、その事業に係わる収入が、総収入の五〇％を上回らなければならない。

事業所に対する「支援」とは、起業の際の資金の無利子及び低利融資並びに期間を定めた人件費補助並びに継続的支援としての運営費の一部補助、社会保険料等の減免措置並びに税制の優遇措置並びに役務物品等の優先発注、優先購買制度並びに総合評価制度等の公的、社会的措置を講ずることをいう。

認証基準及び認証、支援等に関する事項は、この法律およびこれに基づく政省令で定める。支援等に関する事項とは、起業・創業の支援、新しい仕事の開発研究、経営コンサルティング、起業家教育・研修・養成、事業所の査定と監督、情報の収集と提供、その他調査研究等とする。

認証、支援等に関する必要な事項を実施するための公正な機関を設置するものとする。

認証を受けた事業所間で協議会を設置することを認め、その協議会は、十四の機関と諸課題を解決する為、協議することができる。

共同提案団体
特定非営利活動法人共同連
特定非営利活動法人ホームレス支援全国ネットワーク
特定非営利活動法人ジャパンマック
日本ダルク本部
ワーカーズ・コレクティブネットワークジャパン
日本労働者協同組合（ワーカーズコープ）連合会

二〇一二年五月

結語にかえて

概念的イノベーション

本書にでてくる「共生社会・主義」「能力身分制市民社会」「共民社会」「健常者の平均的労働能力」「労働主」は私の造語であり、「共生・共働」は共同連の理念を端的に表した共同連の用語である。

これらすべては単なる思いつきのことばではなく、新たな理念、ことば、概念を表わし、オルタナティブな未来形を根本から表現したものである。既存のそれはすでに役立たない。新しい酒は新しい革袋に入れる。

既存の現実的経済社会を批判する場合でも、批判するだけなら既存のことばと概念ですむが、「超えた」新しいパラダイム転換の理念と概念の場合にはそれまで使われていなかった新しい用語、造語が必要なのであり、それによって初めて新しい理念や概念、思想が表現される。その意味・内容には哲学的、経済学的、社会学的見地に立って造語化がされる。その造語を使わなければ、新しい理念や概念、思想を成立させることはできない。ちょうどマルクスが、古典派経済学の「労働」から「労働力」を概念として成立させたように、これもまたマルクスの造語である。ちなみに、アウフヘーベン

（止揚）はヘーゲルの造語である。

「よごれちまった社会主義」には「共生社会・主義」、個人の能力主義を開花させた市民社会には「能力身分制市民社会」、その市民社会を超えた社会概念としては「共民社会」。さらに商品としての労働力については「健常者の平均的労働能力」を前提にして用い、階級が消滅した後には労働者階級は「労働主」という用語にならなければならないといった具合である。また、ポランニーが「マルクスの『ある』と『あるべき』」のなかで書いているように、マルクスは「市民的」社会に代わる「人間的」社会としているが、「人間的」というのはあまりにも漠然としすぎており、市民社会に代わる私が言うところの「共民社会」という新しい用語・概念を求めるべきである。

思想はことばであり、概念であるから、新しい思想は新しいことば、新しい概念、新しい用語で表現されなければならない。私の造語で綴った本書が一つの問題提起になればと願うところである。

私の立場は「中間的知識人」、つまり学者と大衆（当事者）の間に位置している。その立場と役割が、私自身である。

イデオロギーと非イデオロギー

「人間的障害者」という存在をご存知か。障害者基本法では身体障害者、知的障害者、精神障害者の三障害が定義づけられている。しかし、ナポレオンではなく私の辞書には、「人間的障害者」という用語がある。そこには、「人間的障害者」は、「欲望は善である」と言い放った株屋、市場を通して弱者が獅子の餌食になるのは人類の進歩にとって有効だとした社会進化論者、資本主義的商品市場経済および剰余価値が利潤に転化して資本増殖する経済は合理的かつ自然的だと主張する経済学者、失業と貧困を自己責任とするリバタリアン、そういう人間のことである、と書いてある。

これに対して健常者とは、反能力主義の実質的な対等、平等の人間観を持つ「共に働き、共に生きる」共生・共働の哲学者のことである、と書いている。すなわち、資本主義的価値観と人間観を常識とする社会の中にあって、共生・共働の理念を持つ共同連の「先駆者」の集団のことである。

この集団はアプリオリに、つまり感性として能力主義を忌避し、反能力主義のイデオロギーを持っている。そのイデオロギーを実践しようとするのであるから、彼らは「反社会的」集団とみなされる。だからときにはリベラル派からさえも警戒されるやっかいな集団である。資本主義社会の中で反資本主義的価値観の行動をとるからである。

感性は自明である。能力主義を当然とする感性も、反能力主義を当然とする感性も自明の感性である。お互い、相互にその感性からしか出発できない。それがイデオロギーなのである。

指導員（支援員）と訓練生（利用者）という関係を当然のこととする感性も、指導員（支援員）と訓練生（利用者）という関係を差別とする感性も、その両者の関係はともにそれ自体「自明」であり「結果」である。そこには理論は存在しない。感性そのものであるからである。そして、同じ感性は共感しあう関係にある。

それではその両者の感性を比較してみると、「当然」とする感性のほうは現状主義的であり、しかもその感性は日々再生産されるのであるが、一方「差別」とする感性のほうは非現状主義的であって、イデオロギーとなる。だから、実践そのものが必然的に向かい風の中での戦いとなる。では、はたしてそれは現実を創り出せるのか。答えは、イデオロギーのままでは現実を創り出すことができないので、科学としての客観的分析と理論の裏付けが必要となる。イデオロギーから科学へである。逆にいえば、科学としての客観的分析と理論によって物質的諸条件の本質が解明され、諸条件を止揚（アウフヘーベン）することにより、イデオロギーは現実化する。

そのためには、その物質的諸条件の本質とは何かということを問わなければならない。それは、生産手段の所有関係とその形態、および労働力商品である。この場合の労働力商品とは、「健常者の平均的労働能力」のことであり、これをマルクスは、「社会的平均労働量」と言った。雇用労働、賃金労働、すなわち資本家（経営者）と労働者の関係、ひいては指導員（支援員）と訓練生（利用者）の関係であり、それを止揚した後には、「共に働き、共に生きる」共生・共働の関係に立つことができる。イデオロギーから科学へ、そしてまた科学からイデオロギーへの現実化である。イデオロギーが歴史的に物質的諸条件を獲得したときにはもはやイデオロギーであることをやめる。なぜなら、イデオロギーは旧社会を超克した後の「イデオロギー」としては万人の普遍的観念、常識となるからであり、ちょうど資本主義イデオロギーが封建社会を超えてそうであったようにである。社会主義イデオロギーはあっても、資本主義という「イデオロギー」はすでに死語になっている。

そして、いまだ万人の普遍的観念、常識にはなっていないイデオロギーや感性、それに基づく実践は、生活そのものであるともいえる。実践とは、必ずしも政治・社会運動に直接関与する限られた狭義の行動を意味するだけではなく、オルタナティブな価値創造のための生きざま、働き方、人間関係のあり方にも深く関わってくる概念でもあるからである。共同連の場合も、社会的事業所をめざす共生・共働も実践そのものであるといえる。ただし、それは無意識的にではなく自覚的にではあるが。

資本主義的生産様式における、形式的等価交換はすなわち実質の不等価交換は、実質の不等価交換はすなわち形式的等価交換は、それぞれ外面上は完全イコールな合理的関係を命がけで守り表そうとしている。

「形式」と「実質」

障害者基本法では（目的）第一条として、次の条文がある。その主な文章は、「全ての国民が、障害の有無にかかわらず、等しく基本的人権を享有するかけがえのない個人として尊重されるものであるとの理念にのっとり、全ての国民が、障害の有無によって分け隔てられることなく、相互に人格と個性を尊重し合いながら共生する社会を実現するため」である。

ここで特に注目していただきたいのは、「障害の有無によって分け隔てられることなく」と「共生する社会を実現するため」の文言である。これがなぜ特に問題なのかというと、それは政策がまだ充分に活かされていないということではなく、充実すればいずれそれが実現できるというものでもない。

たとえば、「分け隔てられることなく」といっても、現実政策としては障害児だけの特別支援学校や特別支援学級、あるいは障害児のための放課後デイサービス事業などがある。ここには兄妹や近所の子どもたちと分け隔てられた現実がある。また、入所（収容）施設もあり、たとえ地域といっても私が言うところの「地域の缶詰」として障害者だけを集めた通所施設がある。差別とは何か。その答えは形式と実質の関係の中にある。それでは実質的とはどうあるべきなのか。

その形式と実質の関係を別なことに置き換えていえば、「決定論」と「主体性論」という関係になろう。マルクスがいうような「人間の意識が彼らの存在を規定するのではなく、逆に、社会的存在が彼らの意識を規定する」という機械的唯物論の決定論に留まるものではないであろう。そのことは梅本克己の「主体性論」に深く関わってくる。本論考に即していえば、宇野弘蔵と梅本克己を原典にしている私は、形式と実質の関係をそのように措定している。

したがって、「共生する社会」といっても、形式的理念の中に実質は矮小化され、その矛盾は隠蔽される。それでは形式に実質を近づけるとはどういうことか。実質の謎を解明するとは、その物質的諸条件の本質を客観的に分析し、それによって、実質を形式に近づけようとはしない阻害要因を発見してそれを取り除くことである。

それでは、共生・共働を妨げている阻害要因とははたしてなにか。それを客観的に、科学的に分析して結論づければ、基本矛盾は、生産手段の所有関係と形態、および労働力商品である。それを止揚して初めて共生する社会、共生・共働が全面的に実現されるのであろう。言い換えれば、このことなしには実現しない。形式のままであり、そして負のままである。

以上のことが止揚されれば、「共生する社会」＝「共民社会」は、人間の自由な意志によって、多様で多元的なゆたかな社会を創りだすことができる。

ひとりごと

あいかわらず課題設定に奔走するしかない。だからといって、東に有名な哲学者がおれば、行って私も哲学したいと言い、西に人気者のジャーナリストがおれば、行って私も批評したいと言い、北に深刻そうな革命家がおれば、行って私も革命したいと言い、南にまじめな詐欺師がおれば、行って私も詐欺をしたいと言う、そんな私にはなりたくはない。私のところに私がいて、だいぶずれた課題設定であっても、私のなかで解決したいと考えるからである。

友、遠方より来たる。友は、私であった。ふたりで酒を酌み交わしながら、世界を語る。語ることで世界とつながる。

あとがき

本書の私の原稿は、本書のための書き下ろしや、拙著『はじめての障害者問題』の「まとめ　今、なぜ障害者解放論か」、「社会的排除と『資本の論理』」月刊誌『進歩と改革』、「『障害』概念の再考」『季刊福祉労働』、共同連機関誌「れざみ」の巻頭言をまとめた。そのため一部重複する文章の掲載もある。それでも、第一論考から第九論考まで体系的にまとめたので、一部から二部を通しても、一冊の書として形づけることができたのではないかと、今、そんな感慨をもっている。

障害者の労働問題、共同連というちいさな一つの運動団体、それを通して、資本主義批判およびマルクス学派の理論的根拠の普遍主義へと、一般理論へ少しでも接近することができたのではないかと考える。なお、共同連およびその参加メンバーが、このような私の見解に立っているということでも、その確認もあるわけではない。私個人の見解である。

本書は私にとってきわめて重要な意味をもつ。一九六九年の四月二八日、十九歳のときに初めて「4・28沖縄デー」の集会とデモに参加。以来盲学校の先輩たちとともに十数名でべ平連の集会やデモに参加し、その後大学では全共闘運動、引き続きその後も障害者解放運動・市民運動の流れのなかに身を置いてきた。

マルクスの文献で初めて読んだのが『経済学哲学草稿』、十九歳のときであった。以後四十五年間、マルクスのマの字を書くのもこれまで自制してきたのであるが、私の根底を流れ続けてきた理論と思想を、本書では何ひとつ口ごもることなく思いっきり書くことができた。その意味でも、本書は私にとって画期的なものとなった。

私は、八九年に、憲政始まって以来の初の視覚障害者議員として社会党の参議院議員となり、九八年には民主党の参議院議員となった。議員になった当時は、ソ連・東欧の社会主義が崩壊した時期でもあり、私はもはや「体制選択ではなく、政策選択」の時代状況になったという理解のもとにヨーロッパ型の社会民主主義の立場をとって、政策づくりを基本に議員活動を行い、本らしい本をほとんど読むことなくもっぱら政策関連の資料を中心に読んでいた。二〇〇四年に議員職を退いてから、しばらくひきこもりの生活を送った。それゆえ概ね二十年ほどは「マル・ホリ」の時計の針は止まったままであった。しかしその後冬眠から覚めたように、「マル・ホリ」の時計の針は再び動き出し、共同連の理念と運動が私個人のそれと重なって、理論と実践が再始動したのであった。

だが、冬眠から覚めた春は異常気象のため寒い春で、それどころか、夏になるはずなのになにやら冬に向かっているような昨今である。

予感としては、今後も科学とイデオロギーの二重人格を続けながら、しかし理論と実践の統一を図って、同時に自分のなかの何であるかはよくわからないのだが、それを実践しながら、かつ現実と向き合いながら、共生・共働への社会変革の道をあきらめないで進むであろう。なぜなら「これで充分」ということはないからである。

最後に、私にとっての本書の最終的な問いは、それが資本主義であろうと社会主義であろうと、その限りにおいては所詮「健常者の平均的労働能力」如何を前提にした二分法の経済に他ならない。搾取の対象になり得る「商品化された労働力」または「労働能力」、それが絶対的基準になっている経済である。

私が問い続けているのはまさにそれであり、労働力商品の止揚がイコール「健常者の平均的労働能力」の止揚でなければならないのも、そのためである。変革少年であり続けたい。

堀　利和（ほり　としかず）

小学校就学直前に、薬害による難病で失明。小学校４年２学期に静岡県立静岡盲学校小学部に転校、同中学部、東京教育大学附属盲学校高等部、明治学院大学、日本社会事業学校卒。

民間保育園保父（２ヶ月）、養護学校スクールバス添乗員（１年半）、大田区点字講習会講師（週１、10年間）などの後、1989～95年参議院議員（日本社会党）、1998～2004年参議院議員（民主党）。

現在、立教大学コミュニティ福祉学部兼任講師、特定非営利活動法人共同連代表、『季刊福祉労働』（現代書館）編集委員。

著書
詩集『相克』、『なかよくケンカしな―臨時障害者教育審議会設置法をめざして』（社会新報ブックレット）、『生きざま政治のネットワーク―障害者と議会参加』（現代書館）、『共生社会論―障害者が解く「共生の遺伝子」説』（現代書館）、『共生の社会論その後――歩前進振り返って二歩後退』（共同連ブックレット）、『はじめての障害者問題―社会が変われば「障害」も変わる』（現代書館）、共著『障害者と職業選択―視覚障害者の場合』（堀利和・宮昭夫著、三一書房）、『日本発　共生・共働の社会的企業―経済の民主主義と公平な分配を求めて』（特定非営利活動法人共同連編、現代書館）

吉田　梓（よしだ　あずさ）

1992年東京都出身。2011年鴎友学園女子高等学校卒業。2015年一橋大学社会学部卒業。

SQ選書04
障害者が労働力商品を止揚したいわけ
きらない　わけない　ともにはたらく

2015年９月10日　初版第１刷発行

編著者――堀　利和
装　幀――中野多恵子
発行人――松田健二
発行所――株式会社 社会評論社
東京都文京区本郷2-3-10 お茶の水ビル
TEL.03-3814-3861／FAX.03-3818-2808
http://www.shahyo.com
印刷・製本――倉敷印刷株式会社